クラスを最高の笑顔に

学級経営 365日

困った時の突破術

365日

中学年編

赤坂真二・畠山明大　著

明治図書

シリーズ発刊に寄せて

　この本を手に取った方は，おそらく次のどちらかでしょう。

　○今現在，学級経営に困っていることがある。

　○もっと，学級を良くしたいと思っているが，具体的な方法がわからない。

　本書は，そんな2つの願いをどちらも叶えます。

　私は，上越教育大学という教員養成を行う大学の教職大学院で，これから教壇に立つ教師を育てることと現職教員の能力の再開発にかかわる一方で，全国の自治体や研究会からご依頼をいただき，各地で教員研修を担当させていただいています。

　ある講座の後，一人の参加者の方から声をかけられました。

　「私たちの学校は，子どもたちの学習意欲の向上，全員参加ができる授業づくりを目指して，これまで発問や指示，課題提示の工夫に取り組んできました。

　しかし，近年，授業に入ってこられない子，ついてこられない子が確実に増えてきています。今日の先生の講座をお聞きして，その原因がわかりました。つまり，そういうことだったのですね」

　その方は，ある学校の管理職の先生でした。そちらの学校では，学力向上のねらいの下に，ずっと授業改善をテーマに校内研修を進めてきたそうです。しかし，それにもかかわらず，ここ数年，授業に参加できない子どもたちが確実に増えてきており，魅力的な教材，ネタを用意して，発問や指示を工夫しても，目に見える成果が現れなかったと言います。

　ここに横たわる問題は，何だったのでしょうか。

　そう，それが，学級経営の問題です。学級経営というと「ああ，学級づくりのことね」と思われるかもしれませんが，学級経営と学級づくりは，異なります。しかも，近年の学級づくりの在り方は，それこそ，ネタや活動への比重が高まってきて，その本来の在り方を見失っているように思います。先ほどの話を思い出してください。授業においては，ネタや発問や指示の工夫，

つまり，活動の工夫では，子どもたちを引きつけられなくなっているということが起こってきているのです。それは，学級づくりにおいても同じことが言えるわけです。つまり，ネタや活動だけでは，学級をまとめていくことは難しい状況になっているのです。

　本書における学級経営とは，ネタや活動の羅列のことを意味しているのではありません。学習の場としての質的向上をねらった環境設計のことです。「主体的・対話的で深い学び」の実現をしようとしてみてください。不安定な人間関係の中，安心感の保障されない場所で，子どもたちはやる気になるでしょうか。そんな環境で「話し合ってごらん」と言われて，話し合いをするでしょうか。また，それぞれの気付きをつなげたり補完したりしながら，自分だけではわからなかったことに気付くでしょうか。「主体的・対話的で深い学び」は，学習環境の質に大きく依存しているのです。

　本シリーズは，実際に学級経営で起こる問題場面を想定しながらQ＆A形式で，具体的に学級経営の考え方と方法論を示しています。もし，ご自分のクラスで困ったことがあったら，似たようなQを探してみてください。解決のヒントが見つかることでしょう。またもし，特に困ったことがない場合は，最初から通してお読みください。そこに示されたQが，学級経営の急所となっています。そこに気をつけることで，陥りがちな危機を避けながらクラスを育てることができます。つまり，本書は，学級経営において，困っているときの「治療法」として，また，危ない場面を避けるための「予防法」として，そして，クラスを育てるための「育成法」として，３つの使い方ができる画期的な書なのです。

　執筆を担当したのは，私のほか，私とともに学級経営の研究を進めてきた３人の実力者（低学年：北森恵，中学年：畠山明大，高学年：岡田順子）です。「この人たちの実践を世に出さないことは罪だ」，そんな強い思いに駆られて執筆を依頼しました。本シリーズが，みなさんの学級経営の強力なサポーターとして役立つことを確信しています。

　2020年２月

赤坂　真二

はじめに

　便利な時代になりました。研究授業の指導案づくりで困ったときは，インターネットで検索すれば数万件ヒット。SNSには板書や教室掲示の写真がアップされ，遠隔地からも授業映像が見られる時代です。そんな情報溢れる現代に，本書は学級経営の困った70場面と，その「突破術」を紹介しています。

　情報量としてはインターネットに遠く及びません。しかし，この70の「突破術」を最初から最後までお読みいただいたとき，この本でしか得ることのできない「何か」があると信じています。

　それは，「教育を観る目」です。

　採用後，4年生の担任として教師生活をスタートしました。圧倒的に力不足の私は，エネルギー溢れる中学年の子どもたちを多くのルールでコントロールしようとしました。力で抑えつけようとしました。書籍で見つけた先行実践の意図，目的を深く考えることなく乱用しました。それは，まるで患者の症状を診ることもせず，薬の効能を確認せずに処方する医者のようなものです。それは，まるで選手の能力や状態も把握せず，食事や睡眠の重要性を無視してひたすら練習させるコーチのようなものです。仮に患者の症状が回復したり，選手が強化されたりすることがあったとしても偶発的と言わざるを得ません。

　本書には，困った場面を突破するためのアイディアや活動と併せて，「なぜその活動を行うのか」という意図や，「どのように子どもを観ているのか」といった教師としての心構えを付記しました。つまり，この70場面は，単なる寄せ集めではなく，一人の教師が大切にしている信念とも言うべき一本の串で貫かれた，いわば「実践群」です。その意味で，本書を読むことは，気軽に検索して拾い集める行為とは大きく一線を画すと思っています。インターネットのような「欲しいときに，すぐ情報が手に入る」というよさはない

かもしれませんが，突破術を単なる活動，ネタとして読むのではなく，その背景にある教師の思いや子どもたちにかける願いまで読み取っていただけたら幸いです。ここに挙げた事例の深層部分を読み取っていただき，あらゆる場面に転化，汎用することが重要なのだと思います。それが教師として「教育を観る目」を養うことにつながるのではないでしょうか。

　そもそも教室はドラマに満ち溢れています。困った場面が70に集約され，「こうすれば必ず突破できる」というほど，子どもたちとの日々の生活は退屈なものではありません。教師の予想をはるかに超えてドラマチックで，刺激的で，時に途方に暮れるような困難な場面さえ起こり得るのが学級です。まだまだ成長段階にある子どもたちにあって，トラブルのないクラスがよいのではなく，トラブルがあったときに乗り越えていけるクラスや子どもたちであってほしいと願っています。低学年での経験を糧に，できることがグンと増える中学年。「やりたい」という意欲と「できる！」という自信が同居し，どんな活動にも目を輝かせて全力で取り組むのが中学年。進むべき道がはっきりし，信頼し合える仲間と力を合わせて存分に実力を発揮した中学年は"無敵"です。そんな中学年との学級生活が，子どもたちばかりでなく担任する先生にとっても充実した時間になればと思っています。

　学級経営がしんどくなってくると，藁をも掴みたい，なんとか状況を打破したいという気持ちになります。かく言う私自身が，効果がありそうな実践，楽しそうな活動でなんとか困難を突破しようとしてきたパッチワーク人間です。未だパッチワークの域を出ませんが，知識も技能もなく，優れた実践にすがって過ごしたあの時代があってこそ，今の自分があるのだとも思っています。この本を手に取ってくださったみなさんの教室で生まれるイロトリドリの教育実践が，パッチワークを超え，カラフルな虹となることを願っています。

　2020年2月

畠山　明大

contents

第 **3** 章
6～7月 ┃ 「6月危機」と「夏休み前」は成長のチャンス！

第4章 9〜10月　節目は人のやる気を引き出す

第 1 章

学級経営の
基礎・基本と
中学年の学級経営

1 学級経営の鉄則

1 授業成立の十分条件

　機能的な集団，つまり，学級として学習や生活が成り立つための鉄則があります。学級が機能していない状態で，あなたがどんなに，楽しい授業，魅力的な活動をしようとしても，それは通用しないのです。それは，あなたにとって楽しい授業であり，あなたにとって魅力的な活動であって，子どもにとっては必ずしもそうとは限らないからです。

　これまで学校教育では，良い授業というのは，教師目線で研究が進められてきたところがあります。つまり，教師の良いと考える授業が良い授業とされてきたのです。

　もちろん，教師が良いだろうと思った授業，うまくいくだろうと思った活動をしたときに，それらがヒットすることがあるでしょう。確かに，教師が工夫したからであることは間違いないでしょうから，そこに嘘はありません。しかし，教師が工夫さえすれば，子どもたちみんながいきいきと授業に参加するのでしょうか。そんなことは，ありませんね。教師の工夫や努力は，必要条件かもしれませんが，十分条件ではありません。

　授業の成功においては，子どもたちが，授業に対して「やる気になる」ことが求められます。つまり，子どもたちの意欲が十分条件です。

2 学びの3要素

　元文部科学省教科調査官，安野功氏は，下図のようなモデルを示して，学力向上の秘訣を説明しています[1]。安野氏は，学びの要素を「学習意欲」「学習の質」「学習の量」とし，これが積の関係にあり，この立体の体積が大きければ，学力向上へ進むと言います[2]。この図では，質の良い学習が一定量以上必要で，しかし，良質，適量の学習も，意欲のない子には入っていかないことがうまく表現されています。積の関係なので，どれか一つでも0に近づくと，総量は，限りなく0に近づいていきます。しかし，実際には，教師は，教科書の内容に準拠した授業を規定時間行っているわけですから，量と質は，ある程度担保されていることでしょう。したがって問題となるのは，意欲の部分です。

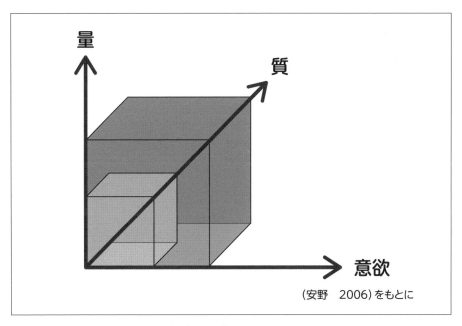

（安野　2006）をもとに

図1　学びの3要素（安野，2006をもとに）

多くの教室では，質の保証された規定量の授業は，なされています。しかし，意欲の部分にばらつきがあるのではないでしょうか。子どもが，学力をつけるのは，授業ではありません。学習によってです。授業とは，教師が行うことであり，学習をするのは子どもたちです。もし，あなたのクラスの子どもたちに学力がついていないとしたら，あなたは授業をしているかもしれませんが，あなたのクラスの子どもたちは学習をしていないと考えられます。つまり，

> **あなたの「授業」を「学習」に転移させるのは，子どもたちの学習意欲**

なのです。

　では，どうしたら，子どもたちの学習意欲は高まるのでしょうか。子どもたちのやる気が出ないのは，子どもたちの適応の結果です。やる気が出る，出ないには，ちゃんとした理由があり，それは心の仕組みと関係しています。奈須正裕氏は，「カギは，あなたがおかれてきた環境と，それをあなたがどう解釈してきたかにあります。意欲が出ないような環境におき続けられ，あるいは意欲が出ないようなものの考え方をしてきたから意欲がでないのであって，それ自体はきわめて理にかなった，つまり合理的なできごと」だと説明します[*3]。

　つまり，最初から無気力な人など存在せず，やる気を出しても無駄だという環境で，やる気を出しても無駄だということを学んだ結果，やる気を失った状態になるということです。子どもたちのやる気の問題は，子どもたちの置かれた環境の問題なのです。子どもたちの置かれた環境，つまり，学校生活においては，学級の在り方，そう，学級経営の問題ということになります。だから，学習意欲だけを単独で取り出して高めようとしても極めて難しいのです。意欲は，環境から生まれ出るものだからです。学習意欲を高めるためには，学校生活全体の意欲を高めなくてはなりません。

3 学級の機能を高める手順

　一人一人の意欲が高い，機能の高い集団をつくるには手順があります。本書では，集団機能を高める詳細な説明は省きますが，おおよそ，下図のような段階があります。

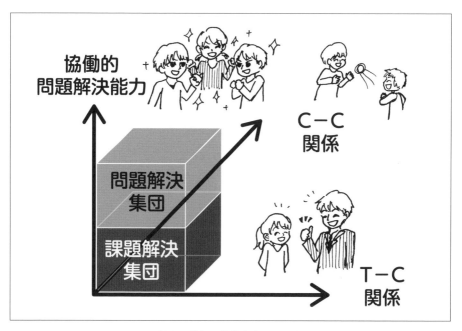

図2　学級の機能を高める手順

（1）教師と子どもの信頼関係づくり

　学級集団は，教師と子ども一人一人の個別の信頼関係の積み重ねで形成されていきます。何をおいても，何があってもここを疎かにして学級集団は成り立ちません。嫌いな人が何を言っても，子どもたちには届きません。子どもたちが，教師を信頼していない状態で，教師が言うことを聞かせようとす

ると，子どもたちは反発して言うことを聞かないか，言うことを聞く代わりにやる気を失います。みなさんが，やりたくないことをやらざるを得ない心理状態を想像してみてください。容易に想像できるのではありませんか。信頼できる人が，「やってみよう」と言うから，子どもたちはやる気になるのです。

（2）子ども同士の信頼関係づくり

　教師と子どもの間に信頼関係ができることで，クラスはかなり落ち着きます。しかし，それは学級経営のスタートラインに立ったに過ぎません。次は，メンバーの関係性を強化します。つまり，子ども同士の人間関係を形成していきます。子どもたちのことを考える前に，みなさんのいる職場を考えてみてください。職員室の関係が良かったら，みなさんの自由度は増しますよね。それが緊張状態だったらどうでしょう。おそらく，自由に発言はできないし，思ったことはやれませんよね。逆に，支持的な雰囲気があったらどうでしょう。あなたのやっていることを認めてくれて応援してくれる人が一定数いたら，あなたの自由度は相当に高まるのではないでしょうか。私たちが意欲的に過ごすためには，支持的風土が必要なのです。

　教師と一人一人の子どもの信頼関係，そして，子ども同士の人間関係がある程度できると，機能的な学級の「底面」ができます。

（3）協働的問題解決能力の育成

　学級経営の目的は，仲良し集団になることではありません。仲が良いことは通り道です。仲が良いというのも誤解を招く表現かもしれません。正確には，協力的関係を築きます。協力的な関係がなぜ必要なのか。それは，協働的問題解決ができるようにするためです。協働的問題解決とは，他者と力を合わせて問題解決をすることです。

　学習指導要領で求める資質・能力の中核となる能力が協働的問題解決能力です*4。これから子どもたちが生きていく激動，激変の時代には，子ども

たちは絶え間なく問題解決，課題解決を繰り返しながら生きていくことになります。自分を生かし，他者を生かす，そんな生き方が，よりよい社会をつくり，幸せな人生を送るだろうと考えられているわけです*5。

　これからの学級経営は，授業の土台という役割ばかりでなく，子どもたちが積極的で建設的な生き方を学ぶ環境としての役割が期待されているのではないでしょうか。

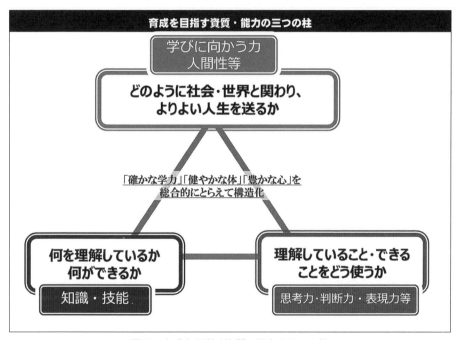

図3　育成を目指す資質・能力の三つの柱

中央教育審議会「幼稚園，小学校，中学校，高等学校及び特別支援学校の学習指導要領等の改善及び必要な方策等について（答申）補足資料」より

2 ｜ 中学年という発達段階

1　飛躍的な変化

　小学校の中学年の発達段階を考える上で，避けては通れないのが，「10歳の壁」「9歳の壁」と言われる現象のことです。このことは，次に示すように，文部科学省も子どもの発達段階の課題として重視しています＊6。

　「9歳以降の小学校高学年の時期には，幼児期を離れ，物事をある程度対象化して認識することができるようになる。対象との間に距離をおいた分析ができるようになり，知的な活動においてもより分化した追求が可能となる。自分のことも客観的にとらえられるようになるが，一方，発達の個人差も顕著になる（いわゆる「9歳の壁」。身体も大きく成長し，自己肯定感を持ちはじめる時期であるが，反面，発達の個人差も大きく見られることから，自己に対する肯定的な意識を持てず，劣等感を持ちやすくなる時期でもある。

　また，集団の規則を理解して，集団活動に主体的に関与したり，遊びなどでは自分たちで決まりを作り，ルールを守るようになる一方，ギャングエイジとも言われるこの時期は，閉鎖的な子どもの仲間集団が発生し，付和雷同的な行動が見られる」

　ここで言われていることは，大きく2つです。一つは，認知能力が伸びること，もう一つは，他者との関係性が変わることです。発達の視点から言うと，劇的とも言える変化です。

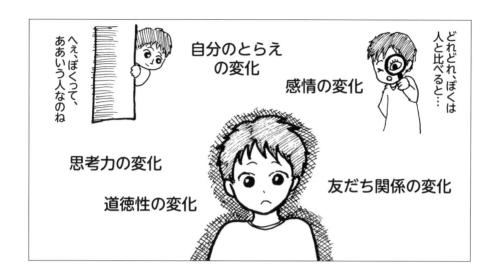

　認知能力の飛躍的向上は，子どもたちにとって好ましいことも起こしますが，逆の事態も起こすようです。まず，自分と他者をハッキリ区別するようになります。つまり，自分と他者を比較することが可能になります。

　これまで漠然とした有能観をもっていた子どもたちは，自分の能力などを他者との比較の中で査定できるようになります。そうすると勉強の出来，運動能力，家庭環境など漠然と曖昧ととらえていたことの意味を知るようになり，それが自尊感情に影響を及ぼします。学校生活の矛盾も勿論ですが，家族の不和や過度な塾通い，偏った親のしつけなど自分の置かれた環境の矛盾を認識するようになります。そうした不全感を感じる子どもたちの中には，学校生活におけるやる気の低下や不適応行動が目立ち始める場合があります。

　思春期前期から，子どもたちの自尊感情が急激に下がり始めると言われます。この認知能力の飛躍的向上がそこに一役買っているのではないでしょうか。自尊感情の低下は，様々な不適応行動と直接的かつ間接的にかかわっていることは言うまでもないでしょう。

　また，この時期は，友だちに対する関心が強くなる時期です。上述したように，認知能力が飛躍的に高まるので，他者の目が気になるようになるわけ

です。集団で行動する力を獲得するわけですから，クラスのまとまりを育てる上で絶好の機会だと言える一方で，それが負の方向に向かうと，集団で教師に反発したり，長期的で組織的ないじめをしたりすることなども起こり得るわけです。

2 認知能力革命期の学級経営

　渡辺弥生氏は，9歳，10歳児のこうした変化について「自分」「考える力」「感情」「友情関係」「道徳性」の視点からまとめています*7。

　校内人事では，中学年は新採用の先生が担任になることがあります。中学年は指導しやすいとの判断や，低学年のときに落ち着いていたクラスならば，新人でも大丈夫であろうという判断でしょうか。しかし，こうして見るとわかるように，中学年は，子どもたちの発達においてとても重要な時期なのです。こうした発達段階からくる変化に対応した指導や支援をしないと，クラスが大きく荒れるということになりかねません。

　実際に小学校では，低学年のときには落ち着いていた子どもたちが，中学年，特に4年生になって荒れるという現象が起こっています。また，3年生から持ち上がりのクラスでも，3年生のときに，まあまあうまくやっていることができても，4年生の2学期から急激に荒れたという話をお聞きします。子どもたちの素直さに胡座をかいて，低学年のような教師主導のリーダーシップをとっていると，そのような事態を招いてしまうことは十分に予期されることです。

　私が4年生から担任したクラスは，3年生のときに学級崩壊の状態に陥りました。9月くらいまでは，学級として機能していました。担任の先生も，子どもたちのことを「かわいい」と言っていました。しかし，10月，11月になると段々と荒れが目立つようになってきました。

　感情のコントロールが苦手な子がいました。その子は，キレることで様々なルールが免除されていました。あるときは，忘れた宿題を学校でやるよう

に言われたのがきっかけで，暴れました。その結果，宿題をやりませんでした。あるときは，掃除の時間にクラスメートとケンカして掃除をしませんでした。あるときは，給食の余ったデザートをジャンケンするときに負けてしまい，悔しくて暴れました。ジャンケンに勝った子は，デザートを譲りました。また，彼の逸脱行動が増えると，先生は一日中，彼のことを注意しているような状態になりました。

　先生にしてみると，彼は本当に困った子なわけですが，子どもたちのとらえは少し異なっていました。認知能力の発達してきた子どもたちは，自分の扱いと彼の扱いを比較したことでしょう。そして，暴れている彼の方が，よりたくさんの希望が通り，よりたくさん先生に注目してもらっているように見えたのではないでしょうか。その教室に入っていた理科専科の先生に，彼同様に逸脱行動をしている子どもたちが言っていたそうです。

　「あいつは先生のお気に入り」「あいつの真似をしているんだ」

　自分たちの行動を正当化しようとしていたのかもしれませんが，彼らの発言には，高度な認知能力を見て取ることができます。また，逸脱行動をする子どもたちは，徒党を組んでいたわけですから，組織的行動もしていました。

3 ｜ 中学年の学級経営の ポイント

　これまで述べたことを踏まえて，本書で示す学級経営を見てみましょう。

　本実践の本質は，第6章の1～3月の実践に表現されています。畠山氏の1～3月は，子どもたちを「手放す」ことを前提に，仕組まれています。象徴的なのが，第6章1節の「⑸先生はもういらない」です。だからこそ，「⑵やがて子どもは次の学年へ」「⑶バッド・エンドでは終わらせない！」という，課題意識が生まれてくるのです。

　次年度に「○○先生がよかった」と自分のことを言われたら担任としては，とても幸福な気持ちになることでしょう。しかし，プロの学級担任としては「自分という教師でなくてはダメな子，ダメなクラス」にしてしまっては，「失敗」とは言いすぎかもしれませんが，「いい仕事」とは言えないのではないでしょうか。子どもたちの学校生活は，高学年になっても続きます。

　学級生活における子どもたちは，蝶のようなものです。出会ったときは，幼虫の状態です。しかし，あなたという環境に出会って，成虫になるために蛹になり，蛹の中でメタモルフォーゼを繰り返します。そして，別れのときに，次の出会いに向かって成虫になって羽ばたくのです。次年度になっても，次の担任の前で「あなたがよかった」と言っているような子どもにしてはいけないのです。「去年は楽しかった。今は，もっと楽しい」というような子どもたちに育てることが大事です。

　では，どのような認識を子どもたちに育てればいいのでしょうか。それも，本書に示されています。第6章2節「⑴『この仲間がいれば大丈夫』と思わ

せる」です。教師は，次年度，それ以降の時間，子どもたちの学校生活の伴走をすることができません。しかし，クラスメートたちとは共に歩み過ごしていくのです。中学年の時期に育ってくる集団性を，うまくとらえて育てて，仲間との絆をつくります。絆は，子どもたちのその後の学校生活の支えとなっていくことでしょう。

畠山実践は，そのために４月から，周到に仕掛けを講じています。様々な仕掛けの中で，注目したいキーワードは，「意欲」です。仲間づくりにも，人とつながる意欲が必要です。しかし，その意欲は，学習に対する意欲，友人をつくる意欲など，独立して存在しているわけでありません。それらを高めるためには，学校生活全体の意欲向上を図る必要があります。

次の章節を見てください。まず，第２章３節です。「⑴授業がつまらなそうにしている」「⑵子どもがあまり発言しない」「⑶一部の子しか参加しない」「⑷子どもが自信なさそうに話す」「⑸授業中騒がしい」。次に第３章１節です。「⑵休み時間に子どもがケンカをしたら」「⑶教師がどこまで手を出す？」「⑷子どもに意欲がないと感じたら①」「⑸子どもが本音で話し合っているかわからない」「⑹子ども同士の関係が気になったら」「⑺活動に消極的な子どもがいたら」。これらの実践が，４〜７月，つまり３学期制で言うところの１学期に並びます。

「認知能力革命」期において，様々なことに気付くようになる中で，学校生活の意欲の低減のリスクを，様々な手立てでリカバリーしようとしていることがわかります。こうした意欲向上への仕掛けをしておきながら，９〜12月は，学級目標の振り返りに基づき学級改善の活動や学校行事によって，子どもたちの集団性と活動性を生かしながら，絆づくりを進めているのです。

子ども同士の絆は，教師主導，ましてや教師主役の学級では育たないのです。子どもたちの主体性を尊重しながら，子どもたちが仲間とのかかわりを通して，「バッド・エンド」ではない，ポジティブな体験を積み重ねることで，絆のある学級が育ちます。その絆が，子どもたちに次の学年，次の教師，次の仲間たちに出会う勇気をもたらしてくれるのです。

〔参考・引用文献〕

＊1 安野功『学力がグングン伸びる学級経営　チームが育てば選手は伸びる』日本標準，
　　2006

＊2 前掲1

＊3 奈須正裕『やる気はどこから来るのか　意欲の心理学理論』北大路書房，2002

＊4 赤坂真二『資質・能力を育てる問題解決型学級経営』明治図書，2018

＊5 中央教育審議会「幼稚園，小学校，中学校，高等学校及び特別支援学校の学習指導要領
　　等の改善及び必要な方策等について（答申）補足資料」平成28年12月21日

＊6 文部科学省「子どもの徳育に関する懇談会「審議の概要」（案）」平成21年7月

＊7 渡辺弥生『子どもの「10歳の壁」とは何か？　乗りこえるための発達心理学』光文社，
　　2011

第 2 章

エネルギーに満ちあふれた中学年はスタートダッシュが肝心！

4～5月

1 筋書きのないドラマに あえて筋を書く

**筋を書くからこそ学級のゴールが明確に。
筋を書くことこそ教師の力量を高める**

困った場面

Q 「学級づくり」や「学級経営」という言葉は知っていますが，具体的にどのようなことをすればよいのかわかりません。また，教職経験が浅く，理想の学級像がハッキリしません。どのような学級を目指せばよいのでしょうか。

A 学級をつくる，あるいは学級を経営する際に，無計画で上手くいくでしょうか？　会社の経営者には，「売り上げをいくらにしたい」とか「１年間で取引先を○社に増やしたい」という明確な目標があるはずです。そして達成のために綿密な計画がなされるはずです。スポーツ選手も同様です。「金メダルの獲得」「世界記録の更新」といった目標とそのために，どのような練習をするのか，食事を摂るか，睡眠はどうするかといった計画を練るはずです。ですから，学級担任である教師にも学級の１年後のゴール像と，それに向けた計画があって然るべきです。

それでは，理想の学級像はどうでしょう。

理想の学級像はズバリ「○○です」とお答えできればよいのですが，残念ながら，これには答えがありません。もちろん，公教育ですし，文部科学省が示す「生きる力」や学習指導要領を受け，勤務校の教育目標を受けますから，大きく異なることはないでしょう。ですが先生方一人一人が考え，ご自身なりの学級像を描くことが大切なのではないでしょうか。有名な実践家の誰かが言った「借り物の理想像」では，本物の学級経営はできません。

4〜5月

成功のポイント　筋書きのないドラマにあえて筋を書く

理想の学級像がハッキリしない場合はどうすればよいでしょう。

とにかく1年後の子どもたち・学級の姿を具体的に描いてみる

これに尽きます。少し乱暴なようですが，これしかありません。はじめは，勤務校の先生の学級を見て，「あんな学級いいな」でも構いません。ご自身が小学生だった頃の経験でも，研究会で参観した学級でもよいと思います。重要なのは，「できるだけ具体的に」です。「協力し合う学級」「けじめのある学級」を理想像に掲げたならば，その詳細を描くのです。授業で協力し合うとは，どのような姿なのか？　朝の会で協力し合うとは？　給食準備でけじめがあるとは？……というように。

　具体的な理想像が定まったら，その姿に近づくために計画を立てます。つまり，これから学級で起こるドラマに筋を書くのです。当然，子どもたちと出会う前ですから，子どもたちの様子や実態を把握できていません。加えて，詳細に計画を立てても，その通りに上手くいくはずもありません。ですから，

1年間の核になる活動を決める

のです。例えば，「係活動を核にして，イベントを開催したり，係の中で協力できる活動をしたりしよう。係活動が停滞したり，メンバーの仕事量に差が出たりしたときが成長のチャンスだ」とか，「ダンスを核にしよう。朝の会で踊って，コンテストを定期的に開催しよう。曲の選定や踊りの難易度が問題になりそうだ」といった具合です。

　まずはこれから始まる学級の1年間に筋を書いてみること。結果的に全く違うストーリーになることもありますが，絶対に必要な作業です。

これで突破！
- 理想の学級像を学級生活のあらゆる場面で，できるだけ具体的に描く
- 理想の学級像を達成するための核となる活動を決める

2 新年度準備で本当に大切なこと

焦りは禁物。優先順位を決めて，できることから。
子どもとの素敵な出会いを考えることが最優先事項

困った場面

Q 新年度がスタートすると，職員会議や学年の先生との打ち合わせなどが多く，忙しい毎日です。さらに教材やテストの選定作業があったり，名簿，時間割の作成などもあったりします。どれも大切なことだとは思うのですが，子どもたちとの出会いまでにどのような準備をすればよいでしょうか。

A 何のために新年度準備をするのかと言われれば，それは1年間のスタートをスムーズに進めるためだと言えるでしょう。例えば，教材選定を後回しにしたら，どうなるでしょうか。おそらく，ドリルや練習帳が届くのが遅れ，学習に支障をきたすでしょう。ですから，優先順位としては高くなります。では，黒板のネームプレートや机・椅子に貼る"名前シール"はどうでしょう。ネームプレートはすぐに，どうしても必要というわけではありませんし，机・椅子に名前がなくとも，黒板に座る場所が書かれていれば，子どもたちも混乱せずに座ることができるはずです。忙しい新年度にあって，優先順位は低めと言えるでしょう。

あれもこれもと準備することが盛り沢山な新年度は，優先順位を決めて必要なことから準備することが重要です。そう考えると，学級だよりや学年だよりさえも，もしかしたら優先順位が低いのかもしれません。むしろ，様々なおたよりや調査書等が配られる初日よりも，別日で配付した方が，保護者も読んでくれるかもしれません。

成功のポイント　**新年度準備で本当に大切なこと**

　それでは，次の準備を優先順位の高い順に並べ替えてみてください。

A：給食当番表を含む給食システムの作成

B：教室整理

C：当番活動，係活動の構想

D：朝の会・帰りの会のメニューを考える

E：学級名簿の作成

　いかがでしょうか。勤務する学校や地域の特色，あるいは先生が大切にしていることを考えて優先順位をつけられたでしょうか。ですが，上記のいずれも，新年度準備で最優先にすることではありません。新年度準備で最優先に考えるべきことは，初日。子どもとの出会いをどのように迎えるかということです。ここに最も時間と労力をかけます。

　確かに，教材を選定するとか，教室環境を整えるといった物理的なことも大切です。ですが，子どもたちと記念すべき出会いとなる初日をどのようにするのかは，今後の学級経営を考えると極めて重要です。子どもたちと出会う初日は，午前中で下校する場合が多いようです。始業式を行い，新しい教科書や大量のおたより等を配っていると，あっという間に時間がなくなってしまいます。

　ですから私の場合は，前日までの準備のうちに，すべての配付物を一人ずつ封筒に詰めて机上にのせてしまいます。そうすることで，子どもたちとの出会いの時間を確保します。

出会いが配り物で終わるのは，モッタイナイ。

これで突破！

・最優先は子どもと出会う初日の準備
・どうしても必要な準備と，後でも間に合う準備を見極めて準備を進める

3 どんな出会いをする？

子どもたちへ「出会ってくれてありがとう」を伝え，「これから楽しくなりそうだ！」と思ってもらおう！

困った場面

Q クラスの子どもたちとの出会いをどうすればよいのかわかりません！ 「初日は自己紹介すれば，あっという間に時間が過ぎちゃうわよ」と言われたり，「何事もはじめが肝心。騒いでいる子がいたら厳しくすべき」とアドバイスを受けたりしました。どうすれば……。

A 異動で新任地への初出勤。おそらくは，やる気と多少の不安をもって出勤するはずです。前任校と新任校は同じ"学校"であっても，地域も子どもも違いますし，それぞれの学校は多少なりとも独自の文化をもっています。なにも異動だけの話ではありません。転入職員が加わり，職員メンバーが変わるだけでも，新年度はワクワク，ソワソワしないでしょうか。

大人の私たちでさえ，環境の変化にこれだけ心を揺さぶられるわけですから，子どもたちはなおさらです。クラス替えや新しい担任との生活は，子どもたちにとって大きな変化ですし，持ち上がりであったとしても学年が上がるという節目は，やはり多少の不安をもつものです。ですから，子どもたちと出会う初日は，

「今年はなんだか楽しくなるかも」「やっていけそうだ」という期待

をもってもらうことに注力します。

成功のポイント　どんな出会いをする？

　では，初日に先生が子どもたちを笑わせるような面白い話をしたり，パフォーマンスをしたりすればよいのか。そういうことではありません。

> ①全員に「あなたのことを見ているよ」と感じさせる安心感
> ②「このクラスは協力するとスゴイ」と思わせる一体感

を実感させることによって，1年間の期待値は高まっていくはずです。

　私は，始業式の子どもたちの様子をよく観察してメモします。歌声や姿勢，話の聴き方，起立・着席の速さなど，あらゆることを見ます。そして教室に戻って，「○○さんの歌声は美しい」「校長先生のお話にうなずいて聞いていたのは○○さんと○○さん」というように，目を見て伝えます。必ず全員の名前を出してほめます。

　一人一人にホッと安心感を与えた後は，クラスの一体感を高めます。私は「チャッチャ拍手」と呼んでいますが，子どもたちの拍手を「チャン，チャチャ チャ」とリズムよくおさめるものです。テレビで芸人の方がやっているあれです。はじめはバラバラで，なかなか上手くいきませんが，何度か繰り返していくと音がピタッと揃い，一体感を感じることができます。拍手は教室の雰囲気を良くしますし，クラスで何かを達成したり，お祝いをしたりする際にも「チャッチャ拍手」で教室が盛り上がります＊。

　下校する子どもたちが目を輝かせて，「先生さようなら！」と言ってくれれば大成功ではないでしょうか。そして帰宅後，「今年の担任の先生，○○先生だよ。すごく楽しかった！」と子どもが言ってくれれば，保護者の方もうれしいかもしれませんね。

これで突破！
- どの子も多少の不安を抱える初日。子どもたちに笑顔を
- 「安心感」＋「一体感」で1年間に期待をもたせる

〔**参考文献**〕赤坂真二『一人残らず笑顔にする学級開き』明治図書，2015

4〜5月

自分の強みを学級経営に生かす

**自分の得意は何？　クラスでどう生かせる？
得意なモノなら何でもOK**

困った場面

Q 隣のクラスの先生は絵がとても上手で，行事前になると黒板にアニメのキャラクターを描いています。他のクラスでも休み時間になると先生がギターを弾いて，子どもたちが楽しそうに歌っています。自分にはそんな特技もなく，うらやましく思っています。

A よく若い先生方に「他の先生と比べなくてもいいじゃない。あなたには，あなたのよさがあるんだから」と伝えます。人は心のどこかで，誰かと比較して自分自身に優劣をつけているように思います。そして，それが時に自分を苦しめます。他のクラスの子どもたちが楽しんだり，喜んだりしている様子を見て「自分も」と真似してみます。ですが当然，すぐには上手くいきませんから，失敗をして諦めてしまいがちです。そうやって，「自分には教室で生かせる得意なことがない」と自信をなくしていきます。

　失敗の大きな原因は，表面的に真似をしていることです。黒板の絵やギターを真似るのではなく，"自分の得意を教室に生かす"という考え方を真似しなければいけないのです。「みんなちがって みんないい。人それぞれ，その人だけのよさがあるから」というようなことを子どもたちに伝えている先生方が，実はオンリーワンではなくてナンバーワンを目指しているような気がしてなりません。断言します。すべての先生方に，得意なことが必ずあるはずです。

4
〜
5
月

成功のポイント 自分の強みを学級経営に生かす

「そうは言うものの，本当に得意なことがない……」というお声が聞こえてきそうですが，本当にありませんか？ 「ダンスができる，歌が好き」でもよいのです。休み時間に曲を流して，子どもと一緒に踊って，大声で気持ちよく歌えばよいのです。文章を書くことが得意な先生は，学級だよりを軸にして学級経営をする。日々の子どもや学級の成長を学級だよりで紹介していけば，それは十分に学級経営に得意を生かしています。本を読むことが得意な先生は，年間を通じて子どもたちに読み聞かせをしてみる。毎朝5分ずつ読み聞かせを続けるだけで，クラスが落ち着いて一日をスタートでき，子どもたちに話を聞く姿勢が身に付くかもしれません。これも立派な，得意を生かすことです。

　ちなみに私も得意なんて言えるほどのモノはありませんが，パソコンで画像や動画を編集するので，学級経営に生かします。撮りためた写真をBGMとともにスライドショーにして学期末に子どもたちと鑑賞したり，テレビCMのパロディを制作して楽しんだりしています。学級だよりのタイトルデザインも少しこだわってオシャレになるようにしています。

　「それでも得意が見つからない！」という方。"笑顔"でもよいのです。教師が自分の得意を生かして自信をもっていきいきとしている姿は，子どもたちにとってもよい影響を与えると思うのです。

こだわる学級だよりのデザインと
各学期末に贈る学級スポーツ新聞

これで突破！

・どんな"得意"をもっているかではなく，"得意"を生かす教師の笑顔が大切

・強みを生かすと，クラスに自分の色が出てくる

1 学級目標に困ったら

> 学級目標はすべての教育活動の拠り所。
> 子どもたちの思いや願いがぎっしり詰まっているもの

🐼 困った場面

Q 新年度最初の学習参観までに，学級目標を作って掲示することになっています。他の教室を見ると子どもたちが作っているクラスもあれば，先生がパソコンで作っているところもあります。どのような学級目標がよいのでしょうか。

A 「子どもが作るか，教師が作るか」「手作りかパソコンか」はさておき，何のための学級目標でしょうか。学級目標とは，クラスのみんなで思い描いた願いを共有し，同じゴールに向かって共に進むための道標です。

目的地の決まっていない遠足は，出発できません。どこへ向かって歩き出せばよいかわからないまま，「とりあえず歩いてみるか」で，1年後の子どもたちに大きな成長が見込めるでしょうか。

学級目標は慌てて作成するものではありません。新しいメンバーとの学級生活もまだ短いのに，「どんなクラスにしたいか？」と問われても，ありきたりなことしか発言できません。ですから，クラスの実態を子どもたち自身が把握する十分な時間が必要です。その中で，「休み時間にもっと大勢で遊びたい」とか「元気がいいけれど，うるさくなりすぎることがある」，「いつも発言する人が決まっている」という願いや課題が出されます。そういった一人一人の願いをすべて詰め込んで，自分たちだけの学級目標を作り上げていくのです。大切なことは，掲示物を作ることではありません。掲示物の完成はゴールではなく，「これから，そこへ向かうぞ」というスタートなのです。

4〜5月

成功のポイント　学級目標に困ったら

　子どもたちの願いが詰まった「わたしたちだけの学級目標」という思いがもてたならば，答えは自然と出てきます。当然，「自分たちで学級目標を作りたい」と言うでしょう。材料の準備やお手伝いが必要な場面では教師が手伝います。

　学級目標が「豪華な飾り」となっていることを疑問視される方もいらっしゃいますが，私は思いっきり豪華にして飾ればよいと思っています。自分たちで作り上げた見事で豪華な学級目標は，「わたしたちのクラスだけの！」という特別感とその集団への所属感を高めます。問題なのは，豪華な飾りが，そのまま飾りで終始していることです。

　私のクラスでは，ある年の学級目標は"立体学級目標"でした。子どもたちがボールに色を塗って地球を作りボードに貼り付けます。ボールの空気が抜けてしまいますので画びょうは使えず，ボンドで接着するも失敗。試行錯誤を繰り返しながらようやく完成を迎えました（その間，3回ほどボールが落下しました。朝

子どもたちの願いが詰まった学級目標

になると，子どもたちが職員室へ来て，慌てた様子で「先生！ボールが……」なんてことが）。

　出来上がった学級目標は，いつでも見える場所に飾ります。そして，あらゆる行事で，毎日の生活で学級目標に立ち返っては，「今の姿は学級目標に相応しい姿？」「次の○○の活動は，どんな姿が見られれば学級目標に近づく？」と問い続けるのです。

これで突破！

・子どもたちがいつでも見られて，確認できるところに学級目標を
・学級目標は道標。学校生活のあらゆる場面で学級目標に立ち返る

2 給食指導で困ったら

**ルールはシンプルで最小限。
子どもたちに工夫の余地を残そう！**

困った場面

Q 給食当番の盛りつけ指導をしていると，その他の子どもたちが騒がしくなります。配膳中にぶつかってこぼしてしまうことも少なくありません。盛りつけの量で不満が出たり，おかわりでトラブルになったりもします。食事中のマナーや片付けなど，指導することが多くて子どもたちに定着しません。

A みなさんは，給食指導の観点をいくつおもちですか。

≪準備≫
□ 盛りつけは割り算（食缶のおかず量を人数割り。おおよその一人分を考える）
□ おぼん，食器の持ち方　　□ 食器，箸などの置く位置
□ 配膳時の並び方　　　　　□ 準備にかける時間のめやす
□ 給食当番以外の子どもたちにすきま時間をつくらない仕組み
≪食事中≫
□ おかわりや減らす際のきまり　　□ 残す場合の残し方
□ 食事中の話し声の大きさ
≪片付け≫
□ 牛乳パックのたたみ方　　□ 食器の戻し方　　□ 残食の処理方法

　ざっと思いつくだけでも，これだけ挙げられます。これらを一斉に指導したところで，すべてが指導の通りにはなりませんし，定着もしません。給食指導の原則は，①けがや事故のリスクを排除すること，②どの子も混乱しないシンプルなルールにすること，この２点に尽きます。

4〜5月

　給食指導で困ったら

　まずは，けがや事故のリスクを排除することです。例えば，箸を口にくわえて立ち歩くことは即指導です。また，早食いや大食い，牛乳の一気飲みも命にかかわる場合がありますから指導が必要です。アレルギーの子が誤ってアレルゲンを口に含むことがないような仕組みも重要です。こうしたけがや事故のリスクを極力抑えた上で，給食のルールはできるだけシンプルにすべきです。なぜならば，複雑でルールが多すぎるほどに子どもは混乱するからです。

　ですから，指導は一点突破。クラスでまずは必要な指導は何かを見極め，そこから指導をします。そして，少しずつ改善して，できるようになったら子どもたちを評価してあげます。そうして自信と意欲を高めていくと，今度は子どもたちから「もっとこうするとよい」という声が上がるかもしれません。理想は，いつまでも教師から与える指導ではなく，子どもたちが自分たちで改善していこうとする姿です。私の学級では，牛乳を飲む際のストローの袋が床に落ちていることが多く，給食当番が困っていました。帰りの会で子どもたちから話があり，毎回，ストローの袋を写真のようにして飲むようになりました。

命名「ストローうにょにょ作戦」

　完璧なルールなどなく，ルールを細かく増やしてもよくならないことを念頭に，少しずつ子どもたちが考えるルールを取り入れていくことが給食指導のコツです。

これで突破！

・命にかかわる指導を最優先。さらに学級状態を見極めて一点突破
・徐々に子どもたちがつくり出すルールへと移行していく

3　朝の会・帰りの会で困ったら

健康観察と教師の話は必須事項。
その他のメニューとやり方の工夫は∞（ムゲンダイ）

困った場面

Q 朝の会と帰りの会には，どのようなことをすればよいですか。健康観察や歌，係の連絡など決まりきったことばかりです。なんとか新しいものを取り入れようとスピーチを始めようとしたら，子どもから「やだー」と言われてしまいました。

A 朝の会と帰りの会に対する私の認識は，
「一日を気持ちよくスタートさせるための朝の会」
「充実した一日を実感し，明日への活力を得る帰りの会」です。

　スピーチを朝の会に取り入れようとして子どもに拒否されるのは，教師がやらせたいからです。とは言っても，朝の会や帰りの会で話す力や会を自分たちで進める力をつけていきたいという気持ちも理解できます。ならば，子どもたちに朝のスピーチを「ぜひやりたい！」と思わせる仕掛けが必要です。

　ちなみに，私が述べている「一日を気持ちよく」とか「明日への活力を得る」というのは，なにも楽しい活動を取り入れるべきだということではありません（楽しい活動であれば，なおおよいとは思います）。

　例えば，健康観察。一般的には名前を呼んで健康状態を確認したり，体調不良を報告してもらったりして終了です。私のクラスはそれに加えて，1分程度の軽快な音楽を流して子どもたちがハイタッチをして回ります。その間，私はハイタッチに加わることはせず，子どもたちの表情を見取ります。体調だけでなく表情から心の健康も見るわけです（初期段階や導入間もない頃は，教師も加わって楽しい雰囲気を一緒につくることもあります）。

成功のポイント 朝の会・帰りの会で困ったら

　少しの工夫で劇的に変化する効果絶大の「朝の会・帰りの会」を紹介します。その名も「ワクワク 選べる朝の会・帰りの会」です。ポイントは，子どもたちが自分たちで会をつくっていくということです。メニューがマグネットになっていて，その日の日直がやりたい朝の会・帰りの会をつくるのです。メニューには，一般的なものに加えて，「読み聞かせ」や笑顔をつないでいく「ニコニコリレー」，勝っても負けても全力で喜んだり，悔しがったりする「全力ジャンケン」などがあります。時間は限られていますから，子どもたちは時計を見

マグネットで移動可能なメニュー

ながら，時間内に進行できるように一生懸命に司会をします。中には臨機応変に「今日は，読み聞かせをしようと思っていましたが，時間がなくなってきたのでカットします」なんていう対応を見せる子まで出てきます。

　帰りの会も同様にマグネットでメニューを貼ります。加えて，一日を気分よく終わりたいですから，帰りの支度に音楽を流します。曲が終わるまでに帰りの準備を済ませるのです。子どもたちは音楽に乗りながら，時には口ずさみながら帰りの準備をしています。ある年の音楽は，誰もが知っている"カーモン ベイビー"な曲でしたので，サビの部分になると全員で"いいねポーズ"をして踊るというルールが付け加えられ，毎日笑いながら帰りの準備をしていました。

これで突破！

- 子どもの「やりたい」が気持ちのよい朝のスタートをつくる
- 子どもの「楽しかった」が明日への活力につながる帰りとなる

4 日直で困ったら

日直ってどんな仕事？
日直が上手くできないのは誰の責任なの？

困った場面

Q 毎日2人ずつ日直をしてもらっていますが，朝の会や帰りの会を上手く進められません。日直の台詞も渡しているのですが。他にも，黒板を消したり，電気を消したりする仕事もあるのですが，声をかけないと，なかなかできません。

A 問題は大きく2つです。1つ目は，日直という仕事が，先生からの"やらされ事"になっている可能性があります。台詞を決められ，書かれた通りに読み上げる仕事にやりがいや楽しさを感じられるはずがありません。黒板や電気の仕事も，低学年であれば先生のお手伝いができることがうれしいので，喜んで仕事をしてくれますが，中学年はそうはいきません。ですから子どもたちが少しでも楽しみながら日直ができる工夫が必要です。

　2つ目は，日直という仕事がたまにしか回ってこないことです。毎日，同じ生活を繰り返す中で学校生活のリズムを形成していく子どもたちが，突然巡ってくる日直の仕事を忘れてしまっても無理はありません。むしろ当然です。私たち大人でさえも，数週間に一度の管理当番を忘れてしまいませんか。放課後，退勤時間を過ぎてから，「あっ，今日，管理当番だった」なんてことは私にとって茶飯事です。

　日直が，言われなくても自分たちで仕事をするためには，この2つの問題点を解決する必要があります。

成功のポイント　日直で困ったら

　まずは，日直を"やらされ事"から"やりたい事"に変えます。「朝の会・帰りの会」（p.38）でも述べましたが，会のメニューを選択できるといった工夫です。そして，日直の台詞も渡しません。台詞や話型など，所謂，型を与えるとどうしても意欲が低下する傾向があります。台詞を間違ってはいけないという意識が働くからです。一方で，型を与えることで，どの子も安心して朝の会や帰りの会を進行できるというよさもあります。子どもの実態によって，台詞があった方がよいのならば，その子にだけ渡してあげればよいのです。そして，上手く進められない子を優しく待てる，時に助けてあげられる。そんなクラスを目指したいものです。

　もう一つは，日直の仕事を忘れないような工夫をします。教師が声をかけるというのは，やはり子どもにとって受け身になってしまいます。忘れないための工夫はたくさんあると思いますが，例えば，仕事が終わったら裏返せるようなマグネットを用意しておくなどは一般的です。思いきって，日直を１週間交替にするのはどうでしょう。１週間続ければ，忘れることもなくなります。

　さらに，私は日直の仕事をすべて一人一役の当番活動に割り振って，日直そのものをなくしたことがあります。ですがその年，私も子どもたちも誰一人，困ることは一切ありませんでした。日直という仕事が必要ならば，当番として設定すればよいし，なくてもよいならば，やらなければよいのです。私たちは，「日直はあるべきもの，やるもの」というふうに，疑いもせず思っています。ですが，そういった当たり前とも思えるような一つ一つの細かいことも，一度疑って考えてみる必要があるのかもしれません。

これで突破！
- "やらされ事"から，"やりたい事"へ転換する
- 当たり前だと思っていることも，必要か考え直してみる

5　休み時間に困ったら

この時期の休み時間の過ごし方で有効なのは？
工夫次第で，休み時間も重要な学級経営の時間に

困った場面

Q 元気いっぱいの子どもたちに「先生，一緒に遊ぼう！」と誘われるのですが，休み時間も宿題ノートへのコメントやプリントの丸つけ，連絡帳のチェックをしないと間に合いません。

A 真面目で一生懸命な先生ほど，宿題や連絡帳のチェックで時間に追われ，悩むようです。宿題やプリントで子どもたちが学習を理解できているか把握することは大切です。また，連絡帳も保護者からの書き込みがあるかもしれませんし，子どもたちの字の丁寧さもチェックしたいものです。一方で，子どもたちと一緒に遊ぶことにもよさがあります。子どもたちの，授業中には見せない顔が見られるかもしれませんし，特に年度当初は，子どもたちと信頼関係を結ぶ絶好のチャンスと言えます。

　いずれも学級経営を進める上で，大切なことです。ですから，すべてを行えるようにします。例えば，子どもの下校後でもできることは放課後にします。ある先生は宿題のノートを１人２冊ずつ用意していました。Ａのノートを先生が放課後に見ているとき，子どもたちは家でＢのノートに宿題をします。翌日，Ｂのノートを提出すると，Ａのノートが返却される仕組みです。

　また，一緒にできることは子どもと行います。プリントの丸つけも子どもとします。丸つけしてあるプリントを回収すれば，子どもたちの学習状況も簡単に把握できます。

4〜5月

成功のポイント 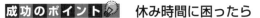 **休み時間に困ったら**

　休み時間も"子ども理解"に努めることをオススメします。毎日のように鬼ごっこやサッカーをしなくとも，とにかく子どもたちとかかわるのです。体を動かすことがしんどい年齢の私がよく行うのは，次の2つです。

> ・「ぶらり学校散歩」でクラスの現状把握
> ・「何気ないおしゃべり」で気になる子とつながる

　校内やグラウンドを「楽しそうだねぇ」とか「すごい汗だなぁ」などと言いながら，ぶらぶらと歩きます。歩くと，子どもたちの好きな遊びや友だちとのかかわり方が見えます。「○○さんは，友だちへの言葉づかいが威圧的だな」とか「◇◇さんは，友だちの輪の中に上手く入れていないな」といったことも見えてきます。

　教室では，子どもたちとよくおしゃべりをします。少し気になる子がいる場合は，意識的に声をかけます。目立たない子，おとなしい子，友だちとのかかわりが少ない子などと一緒に話すのです。

教　師：筆箱に描いてあるそのキャラ好きなの？

子ども：うん。

教　師：先生も，いくつか知ってるよ。一番好きなキャラは○○で……。

子ども：私はね……。

　内容は，その子が好きなアニメやゲームの話，習い事など話しやすい内容がよいです。たったそれだけ。気になる子と教師の信頼関係を結んでおくことが，クラスがスタートして間もない時期には重要です。

これで突破！

> ・目立つ子，活発な子はよく見られる。見えない子を見る努力を
> ・教室内や授業で見せない顔を見ることで，多くの情報が得られる

6 教師の認識と子どもの姿に ギャップを感じたら

教師の認識と子どもの姿のギャップはどこから生まれるの？

困った場面

Q 子どもたちのあいさつがイマイチよくないなぁと感じています。ですが，子どもたちは，そうは思っていないようです。教師の見取りと子どもたちの認識にギャップを感じます。

A 学校アンケートの結果。「登校中や学校であいさつをしていますか？」という質問に，子どもたちは高評価。一方で保護者アンケートを見ると，我が子のあいさつをそれほどよいとは思っていない。当然教師も，子どものあいさつには課題があると思っている。

　教師や保護者には，子どもに対する期待がありますから，その分評価がシビアなのかもしれません。ですが，このようなことが，よくある気がします。つまり，教師の認識と子どもの姿にギャップがある状態です。子どもたちが自分たちの姿を客観的に自覚できていないことが，ギャップが生じる最大の原因です。

　そこで教師は手を変え品を変え，あらゆる取組を行います。
　・あいさつ標語「あかるく　いつでも　さきに　つづける」
　・委員会の子どもたちが毎朝玄関で「あいさつ強化週間」
　・学級での取組を話し合って掲示→「私のクラスはこれをがんばる」
　・まずは教師自らが率先して

　いずれの取組も，効果がないわけではありませんが，これらで子どもたちのあいさつが劇的に改善された経験がありません。子どもたちがあいさつの現状を自覚し，あいさつをすることのよさを感じなければよくなりません。

4〜5月

成功のポイント  　教師の認識と子どもの姿にギャップを感じたら

　「あいさつは大切だから，きちんとやりましょう」と口で言って改善されたら，これほど簡単なことはありません。元気いっぱい，パワー溢れる中学年の子どもたちには，実際に理想的なあいさつをやってみて，よさを実感させる必要があります。新年度が始まって間もない時期だからこそ，授業時数を1時間使ってでも，とことん丁寧に指導します。

> ・あいさつの声の大きさは？（大きい声ならばそれでよい？）
> ・あいさつするときは，どこを見る？
> ・すれ違う相手が複数で，おしゃべりをしていたらあいさつする？
> ・あいさつの頭に相手の名前をつけたら，どう変わる？
> ・相手との距離がどのくらいになったら，あいさつをする？
> ・あいさつをされたら，どんな返しをする？

　上記のようなポイントで，廊下や教室を歩きながら，子どもたち同士がすれ違いざまにあいさつを交わし，「良いあいさつ」の具体を学級全体で共有するのです。さらに，全くあいさつもせず，無言ですれ違うパターンも体験します。教師は適切な行動ばかりを体験させがちですが，あいさつを全くしない不十分なパターンを体験することで，あいさつをすることのよさを一層，実感することができます。

　あいさつを体験した後には，時間をかけて気持ちの共有をします。そして，「全員でやってみた今のようなあいさつを『良いあいさつ』と言うのです」と確認します。これまでのあいさつをよしとしてきた子どもたちに，実は不十分だったことを自覚させ，教師の認識と子どもの姿のギャップを少しずつ埋めていきます。

これで突破！
- 教師の認識と子どもの姿のギャップは，自覚することで埋まる
- 中学年は体験を大切に，丁寧すぎるほど丁寧に指導する

7 係活動に困ったら

**係活動に燃える中学年。
場を与えて可視化をすれば継続する**

困った場面

Q 係決めをしていた頃は，子どもたちが意欲的でした。係のポスターにも力を入れて立派なものが完成し，活動計画も立てていました。ですが，その後が続きません。最近は，係の中で活動に参加しない子も出てきて，トラブルの原因になっています。

A そもそも子どもたちは「当番活動」と「係活動」の違いをあまり理解していません。ですが，両者には明確な違いがあります。

当番活動：やらないと困る仕事。気持ちよく学級生活が送れなくなる。

係活動：なくても困らないけれど，あったらクラスが楽しくなるもの。

まずは，子どもたちに２つの違いを理解してもらいます。もしかすると低学年の頃は，黒板を消してきれいにする仕事を「黒板係」と呼び，教室のごみを拾い，ロッカー整理をする仕事を「整とん係」と呼んでいたかもしれません。黒板係や整とん係の仕事は，実は当番活動の内容です。係活動が継続せず，やらない子どもが出てくるのは，やらされ事，教師の仕事の肩代わりになっている可能性があります。

係活動は，子どもたちの創意工夫が最大限に発揮されるものでなければなりません。係活動を活性化するポイントは大きく２つです。

①係活動をする時間と場があり，活動後の振り返りと評価がある。

②活動意欲が持続するための工夫と全体で共有する機会がある。

4～5月

成功のポイント 係活動に困ったら

　活動の時間をしっかりと確保します。係の計画や準備の時間を設定して係ごとに活動をします。そういった時間を与えずに,「休み時間にやりましょう」では, 上手くいきません。

　学級活動の時間や朝活動の時間に毎週集まって,「プロジェクト」を計画する年もありました。係で計画したプロジェクトは教室に掲示され, 楽しいイベントや工夫された活動が多数生まれました。

　また, 活動途中や活動後に, 教師が「すごいアイディアだね」

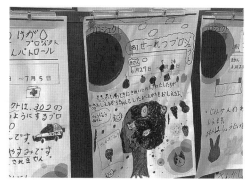

教室掲示 "今週のプロジェクト"

「なんだか楽しくなりそうだ」「みんなも喜んでいたね」などと適切に評価します。そうすることで, 子どもたちの次への意欲につながります。係の活動をやって終わりにせず, 必ず振り返りをセットにすべきと心得ましょう。

　係活動の様子を互いが楽しみながら確認できる工夫も大切です。係の活動の様子を新聞にまとめて紹介し合う "係新聞コンテスト" や, 係ごとに出店を開いて楽しむ "係祭り" も大変盛り上がりました。子どもたちの自主性にすべて任せるのではなく, 適切な場と機会を設定してあげましょう。

出店で楽しむ "係祭り"

これで突破!
- 係活動で人間関係を学び, 達成感と自己有用感を得る
- 中学年での係活動の経験が高学年での委員会活動につながる

8 子どもを叱れない／叱ることが多くなる

**どんなときに叱る？　叱る基準はある？
叱ると子どもたちにどのような変化がある？**

困った場面

Q クラスの子どもたちは無邪気でとてもかわいいです。子どもたちも「先生，先生！」と言って慕ってくれます。ですから，指導や注意が必要な場面でも，子どもたちとの関係が壊れそうで，なかなか指導できません。

A 年間に100人近い教育実習生を担当していますが，多くの実習生から出される悩み事があります。

「仲良くなると，なかなか注意したり，叱ったりできません」

指導をした後は，どうしても場の雰囲気が冷めてしまいますし，指導した私たちも決してよい気分にはなりません。ですから，若い先生方は実習生同様，これまで築き上げた関係を壊したくないがために，指導をためらうことが多いようです。

子どもたちの言動は少しずつエスカレートします。「先生，今やってる係ポスターの作業を次の算数でも続けようよ」という要求を一度受け入れたとします。すると，その後も「先生，次の時間も……」と同様の要求をしてきます。そんなことが続くと，次第にイライラが募って教師は感情的に注意をしてしまいます。子どもたちは「この前は，やらせてくれたのに（怒）」と教師に不満と不信感をもち，関係が悪化。子どもたちの不適切な行為や行動をますます叱ることが増えていくという悪循環に陥ります。

すべては教師の気分や感情的な対応が指導のブレにつながっていることが原因なのです。

成功のポイント 子どもを叱れない／叱ることが多くなる

叱るとき気を付けることは,

> 子どもたちに改善してほしいという本気の「想い」と,教師自身が感じ
> ているイライラという「感情」を区別する

ことです。「叱る」とは,なんだか厳しい言葉で,語気を強めて話す印象が
あります。時と場合によっては,そのような叱り方がよい場合もあろうかと
思いますので,それが間違っているとは思いません。ただし,いつでも,ど
んな場面でも,そのような叱り方が正しいとは思いません。加えて,私が叱
る場合は,指導して考えさせることをセットにします。子どもたちに自分の
行為やその結果を振り返らせ,「どうすればよいのか」という次の具体的な
行動を考えさせるのです。

「叱る」という教育行為は「点」
です。それだけでは大きな成果を得
られません。その他の教育行為とつ
なげて「線」とする必要があります。
決して叱って終わりではないのです。
「叱る」という行為が,一層効果を
発揮するためには,叱った後の子ど
もたちの成長を適切に評価して,子
どもたちに成長を自覚してもらうま
での「線」で考えていく必要があり
ます。

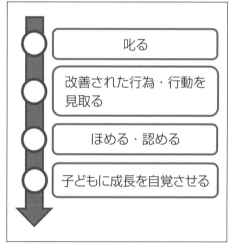

「叱る」を線にして指導する

これで突破!
- 感情的な対応は指導にブレを生じさせる
- 叱った後の子どもたちの成長までをセットで考える

9 子どもたちの様子に「あれっ？」と思ったら

子どもたちは上がったり下がったりを繰り返す中で，少しずつ緩やかに成長していく

困った場面

Q 学校生活にも慣れてきたのか，クラスの仲間との関係もある程度落ち着いてきたのか，子どもたちの様子が少しだらけているように感じます。4月の頃はできていたことも，最近はダラダラとしているように見えます。

A どのような場面で「あれっ？」と感じますか。感じられればまだよいのですが，気付いたらどんどん悪化していたという場合もあります。

・教室移動や集合が遅れることが多くなる。

・廊下を走ったり，大声で騒いだりする姿が目につく。

・給食準備や係活動などで一部の子どもしか活動しなくなる。

・床のごみや落とし物が多くなる。

・授業中の発言の声や朝の歌声が小さくなる。

・表情が喜怒哀楽に乏しい。

・ロッカーやげた箱の物が乱れている。

4月から決めてきたクラスのルールが曖昧になり，機能しなくなることでトラブルや教師への反抗が見られるかもしれません。「4月からがんばってきたから少し疲れたかな」などと思っていると，気付いた頃には，荒れがおさまらないということになりかねません。

目に見えて起きる現象は子どもたちからのメッセージではないでしょうか。私には，現象の陰から子どもたちが「先生，ぼくたちのこと見て」と言っているようでなりません。

成功のポイント 子どもたちの様子に「あれっ？」と思ったら

今までできていたことが，もう一度そのレベルに戻るように，じっくり指導し直します。まだまだ成長途上の子どもたちにあって，一度で指導が身に付くのではなく，繰り返し，しつこいほどに反復することで大きな飛躍を遂げるのです。どんな些細なことも，無意識に当たり前のようにできるまで徹底します。

雑巾掛けも下から美しく

もう一つは，集団と個の目標を設定することです。集団の目標とは言うまでもなく「学級目標」です。学級目標を個人レベルで下ろして具体化します。

> 学級目標に近づくために，「あなた」は何をがんばるの？

個々の力は様々ですので，その子に合った目標を子ども自身に設定させます。目標を設定したら，実践。実践をしたら定期的に評価や振り返り。「設定した目標に近づいているか」「今日は目標に対してどうだったか」と，学級生活の中でも折に触れて，子どもたちに問いかけます。

クラスの主役は子どもたちです。子どもたちのエネルギーが正しい方向へ注がれれば，荒れとは無縁。荒れへの予兆を感度よく察知して，充実した学級生活をつくりたいものです。

これで突破！
- 凡事徹底。当たり前のことこそ，きっちりと
- 個人目標の設定と実践，振り返りのサイクルを

1 授業がつまらなそうにしている

**なぜ，授業で子どもはつまらなそうにするのか？
その原因は，教材研究が不足しているから？**

困った場面

Q 授業が始まってしばらくすると，子どもたちは近くの仲間と関係のない話をしてみたり，鉛筆やノートをいじっていたり，中にはあくびをして退屈そうにしている子もいます。私の授業がつまらないからでしょうか。

A 授業づくり抜きに学級経営を考えることはできません。子どもたちが学校にいる時間は1日約8時間です。そのうち授業は45分×6＝270分で4時間半ですから，半分以上が授業です。授業がつまらないというのは，学級経営の観点から見ても死活問題です。

勉強に苦手意識のある子が「わからない」から「つまらない」といったことも考えられますが，やはり最大の要因は，謙虚に "先生の授業力不足" だと受け止めた方がよいでしょう。さらに，この問題が最も難しいのは，「授業力は一朝一夕で劇的に向上しない」ということです。

授業力とは，その教科の本質をとらえて深く教材研究をし，子どもたちの実態に合わせて綿密に授業を構成していくものですから，少しずつ経験を積んで実力をつけてゆくものです。ですから経験年数が浅い若い先生方が，ご自身を責める必要は全くありません。

ですが，目の前の子どもたちがつまらなそうにしている現実から目をそらすことはできませんから，授業力を高めるという視点とは，また別の視点で即，効果が見込めそうなコツを紹介します。

4〜5月

成功のポイント 授業がつまらなそうにしている

　子どもの集中力は15分ほどしか持続しないという話を聞いたことがあります。30分の子ども向け TV アニメも，CM を除けば1話が10分程度で作られていることを考えると納得です。ですから授業は次のように考えます。

✕ 「1時間の授業は45分である」

○ 「1時間の授業は10分ちょっと×4回である」

　つまり，短い時間の活動を組み合わせて学習を構成していくのです。

・5分間自分で考えてノートに書いたら，その後は隣の人と相談5分間。

・「起立。次の写真の共通点を探します。わかったら座ります」

・「3の場面まで音読します。読み終わったら，要約文をノートに書きます」

・「自分の考えをノートに書きます。その後5分間，自由に考えの交流をしてください」

・「はじめは都道府県クイズ。5問終わったら，今日の課題について考えるよ」

　短い時間で区切って，立ったり座ったりします。声を出したり，静かにしたりもします。ノートに書いたり，話し合ったりと授業に動きをつけることで子どもたちの集中が続くようになります。とにかく，子どもたちを退屈にさせないことが大切です。

　45分ずっと座っているのは大人でも大変かもしれません。まして中学年ですから，体を動かしたり，声を出したりする活動を取り入れながら子どもたちが集中できるような授業構成を考えましょう。

これで突破！

・短時間の授業構成で子どもに集中力を

・教師は，その間に教科の本質をとらえた地道な授業研究を

2 子どもがあまり発言しない

**発言させたいと思っているのは教師。
子どもが発言をしない理由は何かを考えてみよう**

困った場面

Q 私のクラスでは，あまり発言が活発ではありません。「私は○○だと思います。理由は……」といった話型も指導するのですが，発言の数が増えません。

A 私が若かった頃の少し恥ずかしい実践から。

「とにかくわからなくても手を挙げよう。（子どもたち：「えーっ！」）いやいや大丈夫。ちゃんとわかっている人は，手を挙げたときに親指を他の４本と一緒に。わからない人は，親指を他の４本から離せばいいから（写真参照）。そして，これ他の人には絶対にナイショ。お家の人にもね。（子どもたち：ニヤニヤ）」

最初の学習参観で，前年までと劇的に変化した我が子とクラスの様子を観たお母さん方が「先生！　うちの子が手を挙げているところを初めて見ました」なんて興奮して教えてくださることもありました。なんと小手先の実践だと思われるかもしれませんが，手を挙げることの抵抗感を低くして，教室を明るい雰囲気にすることには一役買っていたことは間違いありません。

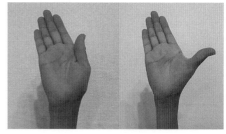

違いは親指

ですが，これでは根本が解決しません。発言を活発にするポイントは，ズバリ「クラスの仲間と話し合いたくなるようなズレのある課題」です。

4〜5月

成功のポイント　**子どもがあまり発言しない**

　例えば，４年生の算数「がい算」の学習で説明します。

　グミ 98円　　スナック菓子124円　　チョコレート240円

　マシュマロ182円　　ゼリー140円　　アメ96円

Ａ：1000円持っています。全部買えるでしょうか？

Ｂ：800円以上買うと，くじが引けます。引けますか？

　これをＡとＢ別々に扱うと単なる文章問題です。ですが，次のような学習課題にしてみます。

　「２つの買い物場面で，見積もるときの違いは何？」

　すると，子どもたちは文章問題を解きつつも２つの違いを比較する必要が出てきます。Ａは，お金が足りないといけませんので，多めに見積もりますし，Ｂは確実にくじが引けるかを確かめるために，少なく見積もる必要があります。さらにこの問題は，マシュマロを四捨五入して180円とする子どもと200円とする子どもの２通りが出てきます。つまり，一の位を四捨五入する子と，十の位を四捨五入する子が出てきて仲間と検討したくなるという要素も含んでいるのです。

　このように，子どもたちの中でズレが生まれるような学習課題を設定します。１時間だけではダメです。可能な限り毎時間，どの教科でも行います。するとクラスの中によい意味で対立構造が生まれ，議論したくなるのです。その結果，子どもたちは自分の考えを相手に伝えようとして自然と手を挙げるようになっていくのです。

これで突破！

・「手を挙げよう」もいいけれど，子どもの内面から「手を挙げてみようかな」「手を挙げて話したいな」が出てくる学習課題が最大のカギ

3 一部の子しか参加しない

あなたのクラスは全員が学習に参加していると言える？
それは，何を見て判断している？

 困った場面

Q 発言が一部の子どもたちに限られているのですが，聞いている子どもたちも手いたずらが目立ったり，ノートへの落書きが見られたりします。授業にみんなが参加して学習が進んでいるように感じません。

A 何をもって「子どもたち全員が授業に参加している」と判断するのでしょうか。当然，挙手だけでは判断しないはずです。ですから挙手と発言を強要しようとは思いません。ただし，自分の考えがあるならば挙手をして発言するという表現力もあった方がよいなとは思っています。ですから，子どもたちにも折に触れて次のように話します。

「先生は，みんなの発言やノートの内容を見て授業のレベルを変えているよ。もし，わかっているのに，自分の考えがあるのに，手を挙げないという人がいると，『みんなは，この勉強を理解できていないのだな』と判断してレベルを下げて授業をすることになる。だから，手を挙げて，発言して，自分の意思をしっかりと表示してほしいのです」

ですが，発言が苦手で，挙手はなかなかできないという子どもがいることも確かです。そのような子もノートを見ると自分の考えがしっかり書かれていたりします。そういった子どもたちも，ただ黒板を書き写すだけでなく，授業に参加するような工夫が必要なのではないでしょうか。

4〜5月

成功のポイント 一部の子しか参加しない

　自分の立場を表明して，自分の考えに責任をもつことが最も効果的です。少しわかりづらいので，言葉を変えます。

ノートに自分の立場を書かせる

これだけです。「○か×」「AかBかC」を考えて，自分はどれなのかをノートに書きます。

　　国語科：「主人公は物語の最後，幸せだったと言ってよいか？」
　　社会科：「警察署と交番と駐在所，数が多いのはどれか？」
　　　　　　「昔と比べてごみの量は増えたのか，減ったのか？」
　　算数科：「48を余りなく分ける計算は何通りあるか？」
　　　　　　「正しく描かれているのは，どちらの見取図か？」

　子どもたちが授業に参加しない理由は，授業が自分事ではないからです。ですが，ノートに○や×を書いたり，AやBを書いたりした途端に，自分

事になるのです。子どもたちは自分の考えが正しいのかが気になり出します。自分の考えの正しさを証明しようと，教科書を読み返したり，計算し直したり，近くの仲間と話し合ったりするのです。

　誰か一人が発言をしている際，その子を除いたすべての子どもた

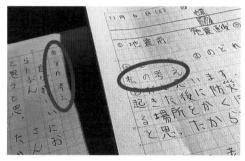

自分の考えは必ずノートに

ちが聞き手です。どんなに発言者を増やしても，それ以外の子どもたちが授業に参加している状態をつくらなければ，全員参加の授業は実現しません。

これで突破！
- 立場の表明をさせると自分の考えに責任をもとうとする
- 全員参加は話し手の数を増やすことではない

4　子どもが自信なさそうに話す

発表する，話をする際のスキル指導をし，
同時に，学級に安心して話せる雰囲気をつくろう

困った場面

Q 休み時間は大きな声を出して遊んでいますし，授業中もペアやグループでの話し合いでは，普通に話せています。ですが，クラス全体で話すときになると，声が小さくなり，自信なさそうに話す子が多いです。何が原因ですか？

A まずはスキルとして「最後まではっきり話すこと」と「文章で話すこと」を指導します。子どもたちの中には文末に向かって声が小さくなっていくという傾向が見られます。また，「先生，トイレ」のように単語で話します。ですから，文末まで声を出して「〇〇です」「〇〇だと思います」というように文章で話すように指導します。これは，4月から教科を問わず，繰り返し指導していくことの一つです。

　次に考えられるのは，クラスに「間違っても大丈夫」という安心感が足りないのではないかということです。例えば，発表しているときに周囲から「えっ？　違う違う」「意味わかんない」などと言われたら，次からまた発言しようと思うでしょうか？　また，批判はされないまでも，反応が一切ないというのも問題です。自分の話をクラスの仲間は聞いてくれるという安心感が大前提として必要です。とは言うものの，クラスの雰囲気は4月から子どもたちと一緒につくっていくものですから，じっくりと時間をかけて取り組んでいく必要があります。子どもの話し方は，学力よりも仲間との関係性やクラスの雰囲気に影響を受けていると考えられます。

成功のポイント 　子どもが自信なさそうに話すと思ったら

　実は，無意識のうちに「自信なさそうに話す子ども」にしていることがあります。しかもその原因は教師自身です。それは，子どもたちに"教師の正解探し"をさせているということです。

　「すごくいい考えだね」「いいこと言うなぁ」
何気なく使っていないでしょうか。注意が必要です。「いい考え，いいこと」は誰にとってよいのか？　それは，教師にとって「よい」ことです。教師が「待ってました！」と言わんばかりに，授業を進める上で望んでいた発言だからこそ「よい」のです。こうした反応を教師が続けていくうちに，子どもたちは教師の正解探しをするようになってしまいます。

　「その考えは違うなぁ」「ちょっと何を言っているのかわからない」
といった否定的なことは言っていないから大丈夫，と思ってはいけません。子どもを肯定的に受け止めたつもりの言葉が，子どもたちから自信を奪ってしまうことだって考えられるのです。

　また，普段は子どもたちの発言に何らかの反応を返しているのに，あるとき，子どもの発言に対して，教師が何も反応しなかったとします。子どもたちはどのように感じるでしょう。例えば，腕組みをしながら難しい顔で，子どもの発言を聞いていたとしたら，それを見ている子どもたちは
「あれ？　私の答え間違っているの？」「先生は何を求めているんだろう？」
と思ってしまいます。

　教師の立ち居振る舞い，非言語の領域でさえ，子どもが発言をする際の自信を奪ってしまう恐れがあることを理解しておきましょう。

これで突破！
- "教師の正解探し"が子どもたちから自信を奪うかもしれない
- 肯定的な評価，非言語の領域も，意識して反応する

5 授業中騒がしい

学級で生活をするということは，級友と「話す」「聴く」ということ

困った場面

Q 授業中，誰かが少し調子に乗って発言すると，教室が瞬く間に騒がしくなって，静かにさせるのに一苦労です。上手く切り替えるにはどうすればよいでしょうか。

A 元気いっぱいでエネルギーに溢れているのが中学年ですから，子どもらしくていいじゃないですか——と言ってしまえば終わりですが，「静」と「動」の切り替えや，聴くという行為は高学年に向けて指導しておきたいところですよね。

ところで，「話す」と「聴く」はどちらが大切でしょうか。どちらも大切なことは十分承知しています。ですが，あえて言うならば「聴く」です。聴いてくれる人がいなければ，話すことができませんし，「聴く」ができず，徐々に崩れていった学級を多く見てきたからです。中学年の発達段階は，自己主張がまだまだ強く，自分の考えを言いたい年頃です。

まずは静かにすることから始めます。「静かにしなさい」「うるさいです」などと抑えつけるのではなく，中学年ですから，楽しく静かにできるようにします。速やかに静かな状態にできるようになったら，次の段階です。誰かが発言するときには，必ず静かにするのです。もちろん，あいづちやうなずきなどの反応も必要ですが，まずは静かにすることを優先して，徹底します。

成功のポイント　授業中騒がしい

　静かな状態をつくる具体的な方法を数多くもっていた方が，子どもたちにも定着します。毎回一辺倒の指導では，子どもたちも「またか」と思ってしまいます。

> **静かにする方法例**
> ・「誰かが黒板の前に立ったら静かにする」というルールを作っておく
> ・教師が静かに挙手したら，話すのをやめて体を向ける
> ・タイマーをセットする（アラームが鳴ったら静かにする）
> ・卓上ベルを鳴らす
> ・カウントダウン
> ・無言で前に立ち，時計を見つめる
> ・おもちゃのマイクを持たせて，持っている人だけが話せるルール

できたら評価してあげます。

　「〇〇さん，今発表してみてどうだった？　話しやすかったでしょ。それはね，〇〇さんの発表の仕方が上手だったからだよ。そして何よりも，<u>周りのみんなの聴き方がとてもよかったからだよ</u>」

　「〇〇さんの姿勢は背筋が伸びていて素晴らしい。<u>よい聴き方だね</u>」

　子どもの適切な行為，行動が見られた場面で教師は評価をします。特に中学年は即時評価が有効。特定の個人を評価することで全体にもよい影響を及ぼします。評価することも，学級経営，子どもとの信頼関係を築く際に大切な要素です。

> **これで突破！**
> ・様々な方法で「静か」を経験させる
> ・「静か」を経験させたら，静かにすることのよさを実感してもらう

6 子どものノートに困ったら

ノートづくりに汗をかけ（書け）！
汗のかき方を間違ってはいけない

困った場面

Q 子どもたちが上手くノートを書けません。書ける子も中にはいますが，書くことに一生懸命になりすぎて全く発言しません。

A 子どもたちがノートを書くのは，自分の思考をノートに可視化して整理するためです。あるいは仲間の考えと比較するためです。決して黒板に書かれたものをキレイに写すというデッサン的作業ではありません。そこに重きを置いてしまうと，書くことに一生懸命になりすぎてしまいます。

　小学生は，入学した１年生からマス目ノートを使用することがほとんどです。学年が上がるにつれて，次第にマス目が小さくなり，ノートのとり方も上手になります。私は４月最初の授業から，簡単な"黒板ルール"を子どもたちに伝えて，黒板と子どもたちのノートが混乱なく連動するように指導します。

・考えを深めるためにノートを書く
・黒板に青いチョークで書かれた字はノートに書かない
・「。」は１行空ける。「◻」は１マス空ける
・黒板に書かれていないものを歓迎
（自分や仲間の考え，メモなど）

黒板ルール

　授業中は，学習について子どもたちがどれくらい理解しているかを見ますし，併せてノートの書き方や字の丁寧さも見ています。

成功のポイント　子どものノートに困ったら

　学年スタートの時期は，ノートを書く指導を丁寧に行います。ですから板書も少なめです。さらに，ノートには自分の立場や考えを書くこと，まとめを書くことも大切にしたいと考えていますから，授業中にその時間を意図的に設定します。

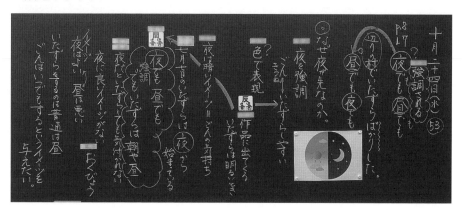

　写真は10月頃の黒板とその日のノートです。板書量も増えていますが，子どもたちは自分の考えを書き，最後は自分の言葉でまとめも書いています。

　子どもたちにノートを書くことの意味をはじめに伝えることで，上手く活用できるようになります。

10月の板書（上）と子どものノート（下）

これで突破！

- ノートに自分の考えを書くことで可視化され，整理することができる
- 自分の考えと仲間の考えを目で見て比較することができる

7

宿題ってどうすればいいの？

「宿題をしない」という表面だけを見てしまうと，
子どもを追いつめることになるかもしれない

困った場面

Q 宿題をやってこない子がいます。前の担任に聞くと「私のときはやってきたわよ」と言うので，厳しく何度も指導するのですが改善されません。

A 教師は「宿題をしない」「忘れる回数が多い」という事実だけを受け止めて，その子どもを判断します。そして，「宿題をしない」という行為を「宿題をする」という行為に変える努力をします。その結果，なかなか改善されないことが子どもへのイライラになったり，「指導力不足」として感情の矛先を自分へ向けたりします。

「なぜ，その子は宿題をしないのか」考えてみてはどうでしょう。

4月から母親が仕事を始めて，下校後はその子ひとりだけ。これまで宿題を見てくれていた両親の帰りも遅く，子どもだけではどうしても，遊びやゲームの誘惑に負けてしまう。

勉強がわからない。宿題をしようとしても，わからないからできない。

理由がわかれば対応も変わります。家庭環境が理由であれば，保護者へ相談するかもしれませんし，学力が理由であれば，その子に力をつけてあげることで解決するはずです。

4〜5月

成功のポイント 宿題ってどうすればいいの？

私が一番よいと思うのは，

> **必要以上に宿題のことでイライラしない**

ということです。宿題に対して完璧を求めると，先生方が苦しくなるばかりです。極端な話，毎日，各家庭に電話して「宿題した？」と確認したり，一軒ずつ「〇〇さん，宿題してますかねぇ」と家庭訪問したりしなければなりません。ですが，そんなことは不可能です。家庭での学習の様子は完全には把握できないのです。宿題をした／しないは把握できますが，その宿題をするときの様子だって，テレビをつけてやったかもしれませんし，寝ころんでお菓子を食べながらやったかもしれません。

懇談会や学級だより等で，各家庭に「家でも学習する習慣がつくとよいですね」「お子さんの学習の様子を見てあげてくださいね」とお願いすることはできます。しかし，これだけ家庭での生活スタイルが多種多様になった現代では，すべての家庭一律に宿題をすることをお願いする方が難しいととらえるべきです。同じ宿題を出しているのに，ある保護者からは「習い事があって宿題が終わりません」と言われ，別の保護者からは「先生，宿題どんどん出してください」と言われるという経験はありませんか。

私は，宿題で学力が向上することを過度に期待しません。「よーし，授業で子どもたちに力をつけるぞ」くらいの気持ちの方が，先生方にとっても，子どもたちにとってもハッピーなのではないでしょうか。

これで突破！
- そもそも宿題は何のために出しているのか。子どもにどんな力がつくのか考えて，子どもたちを追いつめすぎない
- 宿題の在り方を一度じっくり考えてみよう

8 教師ばかり話しているなと感じたら

授業は誰のモノか？ 授業の主役を子どもたちにするために 教師は何をすればよいのか？

困った場面

Q 授業を見てもらった同僚の先生から，「教師が指示したり，説明したりすることが多くて，しゃべりすぎだね」と言われました。どうしても授業をプラン通りに進めようと思うと，しゃべらずにはいられません。

A 授業の主役は紛れもなく子どもたちです。では，子どもたちを主役にするために，まず「理想の授業」の具体をおもちでしょうか。どのような姿が見られれば，主役と言えるのでしょうか。

　「教師は子どもに教えるもの」という思いが強すぎると，「教える→教わる」という構造が授業の中でも多くなってしまいます。すると，どうしても理解が不十分な子どもに対して「教えてあげよう」という気持ちが先行してしまいます。ですから，教師は「子ども自身が気付き，学びを深めるための促進者」と意識を変えます。子どもが自らの力で学びを進めるために，教師がファシリテートします。

　例えば，97×12の計算です。
教師は（100－3）×12を期待していましたが，子どもたちは（90＋7）×12で納得しています。そんなときに，つい教師は説明や解説を始めてしまうのです。しかし，そんなときこそ子どもたちに学びを委ねます。

　「他の方法はないかな？」「さらに簡単な計算があるかもしれないよ」

　子どもたちが賢くなるための授業です。主役は子どもだということを再認識しましょう。

4〜5月

　教師ばかり話しているなと感じたら

　教師が「主役は子ども」と自覚するだけでは不十分で，子どもたちにも自覚してもらう必要があります。もしかすると，子どもたちの中にも，これまでの経験から「授業は先生が教えてくれるもの。聞いて指示されたことをしていればよい」と思っている子がいるかもしれません。ですから，子どもたちと一緒にどのような授業を目指すのか共有します。

　担任したクラスの子どもたちに「先生は授業の主役はみんなだと思っているけれど，授業でどんな姿が見られたら，みんなが主役になったと言えるかな？」と問いかけました。様々な意見が出され，4つにまとめられました。

　①発信する：一人一人が考えて，絵や図を使って発言する。

　②仲間と創る：聴くことを大切に，仲間の意見も尊重する。

　③白い黒板：学級全員の考えで黒板が埋め尽くされて真っ白になる。

　④先生はいらない：極力，先生が出てこない。自分たちが活躍する。

　まとめた意見は，大きな紙に書いて1年間掲示しました。そして，定期的に，または授業中で気になるときには，「このクラスの理想の授業ってどうだっけ？」と子どもたちに問いかけ続けました。途中で達成された項目には，大きな花丸を描いて，さらにレベルを上げた項目を設定しました。

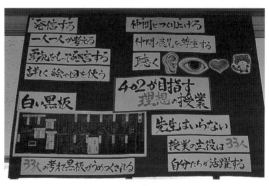

教室に掲示した「理想の授業」

　みなさんの教室で行われる授業は，子どもたちが主役になっていますか？

これで突破！

- 教師も子どもも，「子どもが主役」と自覚する
- 「子どもが主役」の具体的な姿を共有する

1　学級だよりでクラスの様子をどんどん伝える

学級だよりでどんなことを保護者へ伝えるか。活用次第で大きな効果がある

困った場面

Q 各学級で学級だよりを出すことになりました。ですが，おたよりに書くネタも思いつきません。行事の連絡や持ち物のお願いは学年だよりで伝えていますし，そもそも何を書けばよいのかもわかりません。

A 何のために学級だよりを出すのでしょう？　正解があるわけではありませんし，人それぞれだとは思います。ただ，一つだけ言えることは，学級だよりでクラスの様子をお伝えすることで教師と保護者がつながるということです。朝7時過ぎに家を出てから，4時頃に帰宅するまでの9時間近くも我が子の様子がわからないのです。知りたい，聞きたいのは当たり前です。ですから学級だよりで，クラスの様子を保護者の方にお伝えするのです。

学習の様子

どのような学習をしているのか，つまずきが多い学習はどこか，授業中にあった○○さんのすごい発言など

休み時間の様子

友だちとのかかわりや流行っている遊び，話題。係活動やイベントごとでの楽しんでいる姿など

学校行事とそれに向けた練習の様子

クラスとして成長した場面，子どもたちのがんばりや変化。学校行事を終えた後の子どもたちの様子など

積極的に学級だよりで紹介するとよいと思います。

4〜5月

成功のポイント 学級だよりでクラスの様子をどんどん伝える

　無理せず，できる範囲で発行することが，続ける最大のポイントです。年度当初は毎週１枚，２枚と出していた学級だよりが，次第に２週に１枚，半月に１枚……とペースダウンしては，かえって逆効果です。仮に〝週に１枚〞と決めたら，ペースを守って続けられる分量でたよりを発行していきましょう。

　手書きでもパソコンでの作成でもどちらでも構わないと思います。私はパソコンでタイピングした方が圧倒的に早いのでパソコン作成が多いです。最近ではスマホでの音声入力も便利になりました。ボイスメモはかなり正確に文字変換されますので，そのまま学級だよりにコピーすることもできます。また，クラスの様子はこまめに写真を撮るようにしています。１日平均で20枚から30枚くらいは撮影していると思います。毎時間の板書も撮影しています。

　学級だよりのスタートは，写真多め。忙しい保護者の方は文章をじっくりよく読むというよりは，パッと写真に目を通します。それだけでもクラスの様子を伝えることができるのです。徐々に保護者に学級だよりを読んでもらえるようになったら，文字の量を増やして教師の考えを伝えていきます。

　学級だよりを発行すると副次的な効果も。おたよりに載せるために子どもたちをよく見るようになります。授業の様子を紹介すれば，そのまま自分の実践記録にもなります。

担任のカラー溢れる学級だよりを
―「あなたは４年生」で
「ユーフォー (UFO)」―

これで突破！
・伝えること，続けることが絶対条件
・子どものがんばりを記事にした学級だよりは，子どもたちに読み聞かせると効果的なことも

2 連絡帳は「謝罪」と「苦情」に使わない

連絡帳は毎日書いている？
お家の方は連絡帳を毎日チェックしてくれている？

困った場面

Q （管理職談）先日，うちの若手職員が保護者からの連絡帳に赤ペンで返事を書いていて驚きました。職員が連絡帳をどのように使っているか心配になってきました。

A 赤い文字を避けた方がよい理由は別稿に譲る（検索すると諸々の理由が出てきます）として，連絡帳の使い方は先生によってかなりの差が出るところだと思います。「週予定表をおたよりで出しているので，変更があるときだけ連絡帳を書いている。毎日は書かない」という先生もいらっしゃいます。ちなみに私は毎日書いています。理由は，子どもの文字をチェックできるからです。何をチェックするかというと，

①文字の丁寧さ　　②文字から見える子どもたちの心理状況

です。書写の授業では，とめ・はね・はらいや文字の傾きなどを細かく指導しますが，日々の文字を丁寧に書かせようと思ったら，断然，連絡帳の文字を見るのが効果的です。何より，継続して取り組めるということが最大のメリットです。また，書かれている文字を見ることで，子どもの心が見えてきます。いつも丁寧に書いている子が，乱雑な字を書いていれば「何かあったかな？　もう少し教室の様子をよく見てみよう」と，その子を注意して見ようと思います。そして連絡帳は使い方次第で保護者の方とつながる強力なツールとなり得るのです。

4〜5月

成功のポイント 🖉　連絡帳は「謝罪」と「苦情」に使わない

　連絡帳の最大の役割が，保護者とよい関係をつくるチャンスということです。連絡帳の活用方法として「謝罪」と「苦情（少し言い過ぎですが）」に使われることが，あまりにも多いと感じています。

> 　いつもお世話になっております。体育でポートボールをした際に，お友だちとぶつかりひざをすりむきました。保健室で処置しましたが，様子を見ていただけますでしょうか。学校のけがでご心配をおかけして申し訳ありません。

> 　本日，お昼休みにお友だちとケンカになり，相手をたたいてしまいました。カッとなった気持ちを話してくれましたが，暴力はいけないことを伝えました。ご家庭でも○○さんの話を聞いていただき，今後そのようなことがないようにしていきたいと思います。よろしくお願いします。

　上記のように，学校から来る連絡が謝罪と苦情ばかりで，保護者とよい関係が築けるでしょうか。私は，こうした連絡はすべて電話です。文字では伝わらない，担任の声から伝わる感情があるからです。

　そして連絡帳には，子どもたちのがんばりや成長を積極的に伝えるようにしています。1日2人の連絡帳にコメントすれば，1か月ほどでクラス全員の連絡帳に書くことができます。写真を貼ってお伝えすることもあります。保護者の方もとても喜んでくださいます。地道な継続がよい関係をつくり上げます。

写真も効果的

✋**これで突破！**

・連絡帳でプラスを伝えると，保護者も喜ぶ，子どももうれしい
・言葉だけでなく写真も効果的

3　学習参観は最高のアピールの場

**保護者のみなさんに安心してもらうことが，
最初の学習参観の最大の目標**

困った場面

Q 間もなく今年度初めての学習参観があります。いつも通りの授業でよいでしょうか。それとも学習参観用の授業ってあるのでしょうか？　どんなことを意識したらよいですか。

A 保護者の方が学習参観で見るものはこれだけと言っても過言ではありません。

新しいクラスでの我が子の様子と新担任の人柄

　人間，誰しも比べたがります。新年度最初の学習参観では，前年度と比べます。あるいは，隣のクラスと比べます。

「3年生になって，うちの子がんばってるわ」

「すごく楽しそうに授業に参加していた」

「今年の担任の先生，なんだかよさそうね」

そう思ってもらうために授業をします。保護者からの信頼は，その後の教育活動の強力なエネルギー源となります。保護者に「行ってよかった！」と思ってもらえる学習参観にしましょう。

　ですが，学習参観のときだけ張りきって，よい姿を見せようとしても，そんなに甘い話ではありません。ですから，「いつも通りの授業は，いつ見られても大丈夫な授業」となるように，日頃の授業から質を高め，子どもの活躍する姿がたくさん見えるように心がけましょう。

4～5月

成功のポイント 学習参観は最高のアピールの場

　冒頭で申し上げた通り，保護者の方々は新学級での我が子の様子と新担任の人柄を中心に見るわけですから，裏を返せば，その2つでよい姿が見られればよいわけです。

　意欲的に手を挙げて，堂々と自分の考えを発表する姿が見せられれば最高ですが，なかなか全員は難しいところです。ですが，意図的にペアやグループの活動を取り入れて，相談したり，話し合ったりする姿は見せられます。他にも，丁寧にノートを書く姿，仲間の発言を聞いて「あぁ，なるほど」と共感的に聞いている姿を見ると保護者の方は，新しいクラスに一定の安心感を得るのではないでしょうか。中学年くらいになると，学力差が出てきますので，一番最初の授業は，学力関係なくどの子も活躍できる道徳や学級活動をオススメします。

　一方，教師の人柄はどこに表れるでしょう。まずは外見から。おしゃれな服装ではなく，清潔感のある見た目でしょうか。そして何より笑顔です。誰でも怖そうな人にはあまり近寄りたくありませんから，笑顔を基本とします。そして，一番は，子どもの発言に対する先生の「受け」の様子です。授業中の子どもたちの発言で，誤答や授業のねらいにそぐわない発言をバッサリと切り捨てていないでしょうか。先生の温かい受け取りに保護者の方は安心するのです。

最初の学習参観，
人柄表れてますか？

これで突破！

- 教科や授業構成を考え，クラスすべての子どもたちに活躍の場面を
- 先生自身も見られている。身だしなみと素敵な笑顔で

4 保護者からの要求に困ったら

保護者からの要求が出やすい4月，5月。
要求をどのように受け止め，どう対応する？

困った場面

Q 保護者の方から「学年が上がって宿題の量が増えて大変。減らしてほしい」と要望がありました。ですが，別の保護者からは「ドリルだけでなく，もう少しレベルの高いプリント等も宿題に出してほしい」と言われています。どう対応すればよいですか。

A 学年が上がって最初の頃は，保護者の方からの要望や質問が出やすい時期です。なぜならば，担任が替われば指導の方針も違いがありますし，当然，該当学年に相応しい指導がありますからすべてにおいて「前年度と同じ」というわけにはいきません。ですが保護者の方からすると，前年度とやり方が変わって困惑しているという状態です。よく相談を受ける内容は，学習と人間関係についてです。

「去年は，定期的に漢字・計算ミニテストがあったんですが，ないんですか？」

「音読カードが配られていません。３年生はやらないのですか？」

「席替えをしたら去年まで別のクラスだった子と隣になって，話すお友だちがいないと言っています」

もしかすると，「前年度までこうだったから」と変化をしないことが，楽という側面があるかもしれません。ただし，先生方も保護者の方や子どもたちを困らせようと思って前年度と変わったことをしているわけではありませんよね。なぜ変わるのかという理由をはっきりさせて，理解が得られるように，丁寧な対応を心がけたいものです。

成功のポイント 保護者からの要求に困ったら

　まず，前年度から変わることで保護者の方から反応があることが事前に予想される場合は，最初の学年懇談会等で丁寧に説明します。懇談会を欠席される方もいらっしゃいますから，学年だより等に明記し，当日の会でも説明をします。

　先ほどの席替えの件のように，学年や学級など全体ではない，個別の要望の場合もあります。まずは保護者の方とお話をします。「隣の子から侵害行為を受けていて，登校をしぶっている。すぐにでも替えてもらいたい」という喫緊の要望なのか，「少し心配なので，次回の席替えの際には配慮してほしい」という要望なのかを確かめます。いずれの場合でも，席替えくらいのことならば，すぐにでも対応できます。翌日にでも困っている子から話を聞いて席替えをします。

　そして，最も大切なことは，対応したその後です。

　いや〜，教えていただいてありがとうございました。その後どうですか？　今日の○○さんは，隣のお友だちと楽しそうに話していました。授業中も，熱心に相談していました。また何かありましたら，いつでも教えてください。

　この先生は，ちゃんと聞いてくれる。子どもを見てくれるという信頼を得ることができるかもしれません。保護者の方からの要望の中には，「うっ，そんなことまで……」と思うようなものもあるかもしれませんが，それは先生への期待なのだとポジティブに受け取ってみましょう。

これで突破！

・大切なのは，対応した後。「アフターサービス」を丁寧に
・誰もが"変化"には多少の抵抗を感じるものと心得る

万能なシステムと
万全な準備はない

　今日出された宿題をお昼休みにしているＡさん。すると，

Ｂさん：学校で宿題しちゃダメなんだよっ！

Ｃさん：家でやるから宿題でしょ。

と何人もの仲間がＡさんに詰め寄ります。さて，あなたが担任ならば，誰にどのように指導しますか？　お昼休みに宿題をしているＡさんに問題があるのでしょうか？　強く否定するＢさんやＣさんへの指導ですか。それとも，ルールを曖昧にしていたのは担任だと反省しますか。

　４月は，スムーズに学級生活が送れるよう様々なシステムが導入され，ルールがつくられます。ですが，「これで大丈夫」と思っても，必ず上手くいかない場面，予期せぬトラブルが生じるものです。だからといって，システムやルールを増やし続ければどうなるかは明白です。きまりだらけの教室には楽しさも魅力も感じません。つまり，万能なシステムもなければ，万全な準備などあり得ないのです。そこには若手も，経験豊富なベテランも関係ありません。誰もが目の前の子どもたちを相手に，手探りなのです。

　第２章で紹介した実践は，数多ある方法の一つでしかありません。しかも私という教師をフィルターにして生まれたものです。当然，読者のみなさんと私は違う人間ですし，教師として大切にしていることも異なるかもしれません。子どもも違えば，地域や学校・学級規模，学級状態も違います。ですから，紹介されているからといって，決して"正解"ではありません。せいぜい"効果的"だったり"やってみて"くらいのものです。私自身も悩みながら，よりよいものを探し続ける日々です。

「6月危機」と「夏休み前」は成長のチャンス！

6〜7月

成長を自覚させる

全力で駆け抜けると自分を見失うことがある。
たまに立ち止まって，成長を自覚する場が必要

困った場面

Q 「6月危機」という言葉を聞いたことがあります。自分のクラスは大丈夫かなと心配しています。

A 4月から，新しい担任のもとで2か月の学校生活を送ってきた子どもたち。これまでとは違うルールや新たな挑戦に多少の不安を感じつつも，新年度への期待とやる気で2か月を過ごしました。子どもたちにとっては，かなりのがんばりだと思うのです。

6月は，夏に向かって徐々に暑くなる一方で，曇ったり，雨が降ったりとはっきりしない天気が続きます。じめじめとした蒸し暑さに不快を感じたり，雨で気持ちがどんよりしたりします。そんな中で，ようやくクラスでの生活にも慣れ，仲間との関係もある程度落ち着く時期です。先生も子どもたちも「ふぅ」と一息つきたくなります。そんな"充電切れ"の状態のときに，気の緩みからトラブルが起きたり，今まで見えなかったマイナスの姿が目につくようになったりするのです。

そんな6月にこそ，一度立ち止まってクラスの状態を点検する必要があると考えています。それは，「ここがダメ」「あれができていない」という不足部分を指摘するのではなく，「こんなに伸びた」「できるようになった」という成長を実感するということです。曇った視界をクリアにして，次へのステップとしたいものです。

成功のポイント 成長を自覚させる

　子どもたちが自分やクラス全体の成長を自覚する方法は３つです。

①教師からの評価　　②自己評価　　③仲間との相互評価

　中学年は自分を客観視して振り返るというメタ認知がまだまだ難しい子もいますから，まずは教師からの評価をたっぷりとします。「○○さんの，こんな行動が素晴らしい」「こういう姿に感動した」など，具体的な行為・行動を取り上げて価値づけます。私は常にカメラを持ち歩いていますので，よい姿を見つけた際にはすぐに撮影し，教室のテレビに映しながら子どもたちに映像でも見せます。繰り返し行う中で，私と子どもたちで価値観を共有していきます。

　価値ある行為・行動が共有されてきたら，徐々に自己評価と相互評価を増やします。特に私は相互評価を大切にします。子どもたちは先生から認められることも喜びますが，クラスの仲間から認めてもらうことを何より喜びます。ある年のクラスでは，互いのよい姿を紙に書いて紹介し，ためていくという取組をしました。学級目標にちなんで「スペース貯金」という名前でした。紙が札束のように増えていくのがうれしくて，大変活発な活動でした。たくさんたまった相互評価の紙は教室に飾られ，気が付くと子どもたちで神社のようなものまで手作りしていました。「わたしたちは４月から，こんなに成長しているんだ」ということが具体的な姿で，また目に見える形で増えていくことで子どもたちのエネルギー源になります。

スペース貯金と手づくり神社。おみくじまでできました

これで突破！
- 教師や自分自身，仲間からの評価で成長を自覚する
- 成長が自覚できると，次への意欲につながる

2 休み時間に子どもがケンカをしたら

「喧嘩両成敗」
本当に"成敗"しないといけないのだろうか？

困った場面

Q 休み時間のトラブルやケンカが毎日のように起こります。すぐに解決することもあれば，なかなか納得せずに，長い時間を要することもあります。子どもたちが納得する仲裁の仕方を教えてください。

A 中学年の子どもたちは，まだまだ感情のコントロールを練習している最中です。ですから感情的になって，友だちとトラブルを起こしてしまうこともあります。また，仲裁に入って話を聞いても出来事を上手く説明できず，何があったのか教師が完全に理解できないこともあります。子どもたちの説明に主語が抜けていて，誰がやったことなのかわからなかったり，時系列がごちゃごちゃで前後したりして，「？」となった経験はありませんか。

　子どもたちのトラブルを仲裁する前に，まずは子どもたちの心の状態を理解しておきましょう。心の中には，トラブルの元になった要因があります。その結果，怒りや悲しみといった感情が表れます。そして，その感情の表現方法として，相手をたたくとか，泣き出すといった行動の選択をしています。教師としては，元になっている要因の部分を理解して，上手く仲裁をしたいわけです。

子どもたちの心の状態

成功のポイント　休み時間に子どもがケンカをしたら

> 「時間」と「逆」と「共感」

がキーワードです。ケンカやトラブルが起きた直後は，子どもたちの感情が高ぶっている状態です。この状態では，何を言っても解決に向かいませんので，落ち着くまで「時間」をおきます。

　しばらくすると話を聞けるようになりますが，それまでの間，どのように待つでしょうか。私は，興奮して怒りや悲しみの表情をしている子どもたちと「逆」の態度，行動をとります。つまり，落ち着いて，ゆったりと構えます（内心，「何が起きたんだろう？」とドキドキしているかもしれませんが……）。これが子どもたちを落ち着かせたり，安心感を与えたりします。加えて，何も語らず静かに待っている教師に注目するようになります。そこで初めて教師は「何があったか，聞かせてくれる？」と話します。ですから，周囲の子どもたちが「先生，○○さんたちがケンカしている！」と教えに来ても，決して「何だって!?」と慌てて走って向かいません。

　子どもが話をしている最中は「共感」を心がけます。相手の話を聞きながら「あぁ，そうなんだ」とあいづちを入れるだけでなく，「それは悲しくなるよねぇ」とか「先生でもイラッとするかもしれないなぁ」と共感するのです（共感はしても，相手の非難はもちろんしません）。

　クラスがスタートして，まだまだ数か月。「今回のようなときは，どうすればよかったのかな？」と，子どもたちが選択した行動の是非を問うばかりでなく，「この先生は，話を聞いてちゃんとわかってくれる」という信頼関係の構築も重要だと思います。

> **これで突破！**
> ・"成敗"している場合ではない。仲裁場面でも信頼関係は築ける
> ・教師の落ち着いた構えが，子どもを落ち着かせて，話せる雰囲気をつくる

6〜7月

3 教師がどこまで手を出す？

失敗がないと子どもたちは成長しない。
"乗り越えられる失敗"そのさじ加減が教師には求められる

困った場面

Q できるだけ子どもの力を信じて，任せようと思います。ですが，子どもたちだけではどうにもならないこともあると思います。どんなときに教師は出るべきなのでしょうか。

A 教師が必ず指導すべきは，命の危険や安全にかかわる場面，差別や偏見，いじめが助長される場面です。加えて，今の子どもたちの力では問題が大きすぎて解決が不可能で，学級にとって大きな損失になると教師が判断した場合です。

　教師には，「この程度であれば乗り越えられる」「子どもたちの選択した解決策は，おそらく失敗する。こんなフォローをしよう」という見取りと先を見通す力と判断力が問われます。日々の子どもとのかかわりの中で，その失敗によって子どもが立ち直れないほどのダメージを負うようであれば，手助けをした方がよいに決まっています。

　夏休みが近づいてきた7月。野菜を育てていた係からの提案で，収穫した野菜を使ってピザパーティを開こうということになりました。教師として，どこで指導を入れればよいでしょうか。

　調理をする際のグループ編成が問題になりました。案は3つ。

　A案：「自由にすると，なりたい子と一緒になれないこともある。生活班が一番平等だ」

　B案：「生活班は毎日一緒だから，名簿順に5人ずつ区切りたい」

　C案：「せっかくのパーティなのだから自分たちで決めたい」

成功のポイント 教師がどこまで手を出す？

　どの意見も「もっともだな」と思いました。ですから口出しせずに，学級会を開きました。

話し合いの結果は圧倒的多数で「好きな者同士」に決定

6〜7月

　好きな者同士でグループを編成することに決定した時点で，よくない結末を想定しました。つまり，望んだグループに入れない子が出るかもしれないということです。結果は，予想通りでした。一番熱心に「好きな者同士」を主張していた男の子が，ジャンケンの末に希望グループではなくなったのです。教室は静まり返ります。グループを替えようと提案する子もいます。ここが教師の出番だと判断した私は，「優しい〇〇さん，グループ替えの提案をありがとう。けれど決まったグループはそのまま。今，みんなはとてもいい勉強をしたんだよ」。そう言って，泣いてしまった男の子もフォローしつつ，そのままのグループでパーティを行いました。泣いた子もおいしいピザを食べた後の振り返りでは「このクラスなら，誰とメンバーでも楽しい」と書いていました。どの場面で教師が出るのかの見極めが，子どもたちの成長には重要です。

これで突破！
- 適切な場面で，適切なタイミングで教師が指導を入れる
- 見極めには，見取りと先を見通す力と判断力が問われる

4 子どもに意欲がないと感じたら①

子どもたちの意欲が高まるような投げかけを，
一点突破でしかけよう！

困った場面

Q 運動会が終わって，これまでがんばっていた子どもたちもボーっとしているようです。活動に向かうときにも，どこか意欲が感じられません。

A「ぼくたちのクラスは，学級目標に"五輪"の言葉が入っているから，クラスでオリンピックを開きたい」と給食のときにつぶやく子がいました。そのときは全体には広がることなく，単なるつぶやきで終わりました。

昼休みになって，すぐにその子のところへ行きました。「さっきのオリンピックの話，もう少し詳しく教えて」と話を聞きます。そして，「ナイスアイディアだねぇ。帰りの会でみんなに提案してみる？」と聞くと，少し不安そうだったので「協力してくれそうな人はいる？」と加えました。すると協力者も集まって，どんどんクラスオリンピックの話が進み始めます。教師も手伝いながら，帰りの会で提案するときに「いいね。やりたい！」と言ってもらえるように準備をしました。

その後は競技種目を決め，チーム分け。子どもたちはチームを「国」と呼び，入場の国旗を作成しました。聖火台や聖火も手作りで，燃えるオリンピックとなったことは言うまでもありません。

選手入場

成功のポイント 子どもに意欲がないと感じたら①

　クラスオリンピックのエピソードには2つのポイントがあります。1つは，子どもたちの言動にアンテナを立てて，つぶやきを拾っていることです。教師がオリンピックを企画して提案したとしても，子どもたちは「いいね」と言ってくれそうです。ですが，子どもたちの生の声から出された要望だから，燃える活動になるのです。

　2つ目は，つぶやいた子の心に火をつけて仲間を増やし，子どもたちの手で活動の計画・準備を進めていったことです。教師は裏方に徹します。スムーズに活動が進むように手伝いながら，実際にクラス全体に投げかけたり，活動を進めたりする役はすべて子どもたちに委ねます。こ

ポスターも掲示して気持ちを盛り上げる

の経験は子どもたちに様々な学びを与えます。

　　・「自分たちの手で活動を進められた。成功した」という自信
　　・「計画や準備で大変なこともあったけれど楽しめた」という達成感
　　・「自分には協力してくれる，助けてくれる仲間がいる」というつながり

　オリンピックが終了したとき，最初につぶやいた子が，またつぶやきました。「こんなに大きいイベントになると思ってなかった。何でもつぶやいてみるもんだな」と。

　学級経営は，集団へのアプローチばかりではありません。個へのアプローチが自然と全体へ広がり，集団への効果をもたらす場合もあるのです。

これで突破！

・子どもの心に火をつける。個へアプローチすることで全体へ広がる
・教師は，前面に出ずに後方支援

5 子どもが本音で話し合っているか わからない

**大人にだってある本音と建て前。
子どもの発言はどう判断すればよい？**

🖐困った場面

Q 授業中に,隣の席の子やグループで相談したり,考えたりする時間を設けるようにしています。話し合いはしているように見えますが,建前だけで話しているように見えてしまいます。

A 「主体的・対話的で深い学び」という言葉が登場して,小集団交流が盛んになりました。その中で,「複数人で話し合えば,“対話的”」という,どこか短絡的な様子も見受けられています。研究授業後の協議でも,「そもそも話し合いたいと思っている内容なのか」といった問題や,「子どもたちが疑問をもっていない」,「話し合うことが目的になっている」という指摘がなされます。もっともだと思いますが,この問題は“授業論”に大きく関係してくるので,またの機会とします。ここでは,どのように子どもたちの本音を見取るかについて考えてみます。

　例えば,「渡ろうとした横断歩道の信号が点滅しています。どうしますか」と問うと,多くの子どもは「止まります」と答えます。ですが,実際にはかけ足で急いで渡ろうとする場面を見かけることもあります。道徳の学習で「子どもたちから,理想的な回答が返ってくるのに,実際の生活場面では生かされない」という悩みを聞きませんか。もしかすると,子どもたちは学習中に建前で話し合って,本音を語っていない可能性があります。どうすれば子どもたちの本音が出てくるでしょうか。そして,どうすれば本音か建て前かを判断できるでしょうか。

成功のポイント　子どもが本音で話し合っているかわからない

　子どもの本音を知るために，よく意識していることは

「答えを導き出す過程の"思考"を話してもらう」

「子ども同士の距離を見る」

この2点です。先程の赤信号の話で例えるならば，子どもたちも当然，赤信号は止まるという規則を知っていますので，「止まる」という回答です。ですが，「車は一台も走っていません」「周囲の全員が赤でも渡っています」「友人との待ち合わせ時間を15分も過ぎています」と思考を揺さぶると，子どもたちは深く考えます。その思考をありのままに話してもらうのです。口では「止まる」と言っているのに，思考過程を聞くと矛盾や齟齬が出てきます。それこそが子どもの本音に近いものだと思います。

　また，話し合っている際の子ども同士の距離を見ます。心理学で，パーソナルスペースという考えがあります。初対面や知人程度では，過度な接近を嫌い，家族や友人などの近しい人ほど物理的な距離が狭まるというものです。ある先生は「議論が白熱すると，子ども同士の額の距離が近くなる」とおっしゃっていました。試しに，プリントを一人一枚ではなく，グループに一枚配って話し合いをしてみてください。子ども同士の距離感がよく見えると思います。

　裏を返せば，意図的に物理的な距離が縮まる環境をつくり出すことができれば，子どもたち同士の心理的距離を縮めることができるかもしれません。

心理的距離が物理的距離にも表れる

これで突破！

・思考まで建前で考えることは難しい

・子ども同士の距離を見ると，話し合いの本気度が伝わってくる

6 子ども同士の関係が気になったら

子どもたちは集団の中でかかわりながら学ぶ

困った場面

Q 休み時間に一人で読書をしている子がいます。「遊ばないの？」と聞くと，「本が読みたいから」と言って，読書をしています。友だちと上手くいっていないのでしょうか。

A 子どもたちの人間関係は，共通の話題や楽しい活動があればあっという間につながり，些細なことで突然，不安定になります。30人前後の同年齢で集められた学級という集団で，集団生活のルールやマナー，人間関係を学んでいます。つまり，社会へ出る練習をしているのです。

先述の困った場面での一人で読書をしている子については，純粋に本が読みたいのか，それとも本当は友だちと遊びたいけれど入れないのかはわかりません。もう少し本人と話をしてみたり，普段の友だちとのかかわりを見てみたりしないと何とも言えない部分です。

ですが，仮にその子が純粋に本を読みたいと思っていたとしても，休み時間に友だちと一緒に遊んだり，おしゃべりを楽しんだりすることも経験してほしいものです。休み時間に友だちと遊ぶことを通して，適切なコミュニケーションを学んだり，人間関係を学んだりするのです。遊びの中にも学びが大いにあると思っています。ですから，子ども同士の関係が一見，落ち着いたように見える6月・7月もこれまで同様に，注意して見ていく必要があるのです。

成功のポイント 　子ども同士の関係が気になったら

　教室で自由に好きな読書をしている子に，「勉強だから，友だちと遊んできなさい」と言うことはできませんが，いくつか方法を紹介します。

①教師が入ってつなぐ
②係などのイベントを活用して，大人数で遊べる機会を設定する
③授業でも行事の活動班でも関係なくシャッフル

　一人で教室にいる子の中には，自分から声をかけたり，遊びに入れてもらったりすることが苦手な子もいます。ですから，お願いできそうな子に「〇〇ちゃんと一緒に遊んでくれない？」とお願いするのも一つの方法です。また，教師が直接話しかけて，何てことはない会話をします。すると，自然と他の子どもたちが集まってきて，おしゃべりが盛り上がってきます。教師は，コミュニケーションが苦手な子と周りの子をつなげてあげるように配慮しながら，おしゃべりに参加します。しばらく続けていると，何事もなかったかのように，グループの中で一緒に遊ぶ姿が見られるようになることもあります。

　係活動等でイベントを開催することも効果的です。私の教室ではよく似顔絵大会やCM撮影大会，体育館でリレーやドッジボール大会が開かれていました。参加者が多くなるように，最初の頃は教師も参加すると上手くいきます。また，席替えや行事での活動班決めなども，仲良しを配慮する一方で，コミュニケーションが苦手な子への配慮も忘れずに行うようにします。6月，7月もどんどんと多様なかかわりの中から子どもの学びを生み出すように仕掛けます。

これで突破！
・学びは授業中のみならず。遊びの中でも仲間とのかかわりから，多くの学びを得ている。教師の積極的な働きかけを

7 活動に消極的な子どもがいたら

なぜ活動に消極的なのか。
「いつでも参加して」くらいの余裕を

困った場面

Q 学級のイベントでおにごっこをしました。ですが，壁に寄りかかって参加しようとしない子がいます。せっかく係の子どもたちが企画したのでクラスで楽しみたいと思ったのですが，どのように指導すればよいでしょうか。

A 困った場面が，実際に目の前で起きたとしたら，まず何を考えますか。おにごっこに参加していない子への指導内容や方法を考えるでしょうか。もちろん私も同じように考えます。しかし，同時にもう一つ考えます。

> **どうしたら，その子が周囲から理解してもらえて，受け入れられるか。**

「係の子どもたちが一生懸命に企画したイベントに一人参加していない」という事実だけを見てしまうと，「その子＝悪い子」という等式が成り立ちます。ワガママな奴だ，協調性がないという見方で，その子を見てしまいます。ですが本当にそうでしょうか？

「前の時間の授業で友だちと少しトラブルになって気持ちが沈んでいる」
「本当はオニをする役割だったのに，直前になって役を交替させられた」
「がんばって体育館までは来たけれど，体調がすぐれない」
こういったことが背景にあることを知っただけで，先ほどの「その子＝悪い子」の等式は成り立たなくなるはずです。

成功のポイント 活動に消極的な子どもがいたら

性急に解決を図ることで，いくつかのデメリットがあります。

・教師と子どもの信頼関係を壊しかねない。

・教師のその子に対する見方がクラスの子どもたちにも浸透する。

　若い頃の私は，クラスみんなで取り組んでいる活動に対して，消極的な子がいると，すぐにイライラしていました。そして，「チームってのはなぁ……」「あなたがそういう態度をとると周囲にも悪影響が……」などと，もっともらしいことを言って無理やりにでもおにごっこに入れようとしていました。その子の気持ちや，背景にあるものも考えずに。教師として，その子の気持ちを無理やり自分が正しいと思う方へ変えようとしていました。

　そして，その考え方は間違いなくクラスの子どもたちにも浸透していきます。教師の存在こそがクラスにおける最大の環境ですから。「なぜ○○さんは参加しないの？　ワガママだ」「企画した係の人たちがかわいそう」と子どもたちは，おにごっこに参加しない子を責めるでしょう。

　ですから，一歩立ち止まって考えてみるのです。そして「誰にだって気分が乗らないことはあるよね」「見ていてやりたくなったら，いつでも参加して」くらいの余裕があった方が学級経営も上手くいくのです。だって，私は，おにごっこに参加しない子がいたときに責めるような人ではなく，「大丈夫？」「どうしたの？」と声をかけられる人に子どもたちにはなってほしいと思っているのですから。

これで突破！

・教師が一歩立ち止まって，その子に寄り添って考えてみる

・教師の子どもを見る目は，周囲の子どもたちにも広がっていく

6〜7月

1 他のクラスにはない自分たちだけの○○があるか？

**子どもたちに，「あなたのクラスはどんなクラス？」と聞いたら，
どんな答えが返ってくる？**

困った場面

Q 放課後の職員室で，同僚の先生が，「クラスには担任のカラーが出る」という話をしていました。私のクラスは他のクラスと比べたときに，どんなカラーなのか，そもそもカラーが出ているのか気になっています。

A 「ご当地限定」とか「ここでしか買えない」という言葉に弱いのは私だけでしょうか。ついつい惹かれて買ってしまう魅力的な言葉だと思うのです。同様に，「このクラス限定」とか「このクラスにしかない」というものがありますか。子どもたちにとっては，そういった魅力的な，周囲に誇るべき集団に自分がいるということが，所属感を高めると考えます。

　私の歴代のクラスにも，些細なものから大きなものまで，たくさんの「このクラス限定」がありました。

□ オリジナル学級旗

□ オリジナルクラスソング

□ どのクラスにも絶対にない「どろだんご係」と「どろだんごの歌」

□ 係ごとに出店を開いて，みんなで楽しむ「係祭り」

□ 係をみんなに紹介する「係新聞コンテスト」と「係CM」

□ 毎朝，みんなでノリノリに踊るダンス

□ メダルをかけて競い合う「学級オリンピック（夏季＆冬季）」

□ クラスに飾られている超大型宝箱　　　　　　　　　　　　などなど

成功のポイント　**他のクラスにはない自分たちだけの○○があるか？**

見た目や内容は一切関係なし。「ぼくたちのクラスはこんなことしているんだよ！」「こんなイベントわたしたちのクラスだけ！」と笑顔で誇らしげに子どもたちが語れるものが一つでもあればよいと思います。前頁で例は挙げましたが，正解はありません。そのクラスで先生と子どもたちとのストーリーの中から生み出されるものですから。

4年生で担任した「ドリーム学級」の子どもたちは，かなりダイナミックなオリジナルを制作しました。社会科で都道府県の学習をしている際に，どの都道府県にもマスコットキャラクターがいることを見つけたのです（当時はゆるキャラブームでした）。「私たちもクラスのオリジナルマスコットをつくろうよ」との発言に，全員が賛同。そこからマスコットづくりがスタートしました。

巨大風船に洗濯のりで新聞を重ね貼りし，その上からフェルトや紙ねんど

で完成させました。1か月以上かけて作ったマスコットは，学級目標にちなんで「ゆめりん」「ドリームワールド」「アースドリーナ」と名付けられ，その後の児童会祭りで大活躍。マスコットキャラクターが子どもたちにとって，「自分たちだけの○○」になったことは言うまでもありません。

子どもたちは卒業するまでキャラの名前をちゃんと覚えていました

これで突破！

- オリジナルが子どもたちの所属感を高める
- オリジナルは，どんな形，どんな内容でも構わない

2 ベースに「笑」があるか？

> **必要以上に叱ることは，**
> **かえって子どもたちの荒れを生み出す原因になる**

困った場面

Q 「6月危機」という言葉を聞きます。自分のクラスで起こったら大変だと思い，ついつい厳しくしてしまいます。子どもたちの中には不服そうな顔を見せる子もいます。

A 「すごいなぁ」と思う先生は例外なく上機嫌です。いつも穏やかでニコニコしています（赤坂先生もそうですよね）。ですから自然と人が集い，慕います。その人の近くに行くと自分の気持ちまで軽やかになる気がします。

6月危機を回避したいという気持ちはわかりますが，厳しさを間違えると逆効果です。厳しさとは叱ることばかりではないからです。最初に取り上げた「すごいなぁ」と思う先生は，いつも笑顔でいながら，ある場面では妥協なく指導を徹底します。もちろん大声を上げることなくです。

私は「6月危機」を起こさない最大の予防策は「笑い」にあると思っています。授業で笑い，休み時間でも給食でも笑い，学校生活のあらゆる場面で笑いがあれば，「6月危機」など無縁なのです。「私には，子どもを笑わせるようなオモシロイことも言えないし，子どもたちと一緒になって盛り上がるのも苦手だし……」という方もいるかもしれません。お笑いのセンスにもユーモアにも自信がなくても大丈夫です。教室に「笑い」が起こる具体的な方法をご紹介します。

成功のポイント ベースに「笑」があるか？

　教師自身が面白い人になろうとする努力は不要。笑いが起こるきっかけをつくってあげればよいのです。過去，クラスが笑いで溢れた取組をいくつか挙げます。

- ・笑顔リレー
- ・全力「わっはっは」
- ・Ｈ－１グランプリ（変顔大会）
- ・パロディCM
- ・にらめっこ団体戦

パロディCM はクラスの雰囲気をよくするのに効果てき面

　笑顔リレーは，笑顔で相手の目を見つめたらバトンタッチ。クラス全員まわします。全力「わっはっは」は文字通り，意味もなく全力で笑います。「楽しくもないのに笑えるか！」ではなく，「笑って楽しくしよう！」の考え方です。通常の，脳からの信号で笑顔になるのとは逆で，笑顔をつくって脳を勘違いさせるのです。Ｈ－１グランプリは参加希望者の変顔を写真撮影して，後でみんなで見て大笑いします。パロディCM も流行の CM を模倣して子どもたちが見事に再現してくれます。にらめっこ団体戦に至っては，ただただチーム対抗でにらめっこをするだけです。

　授業中も笑いを意識します。ふざけるわけではありません。漢字の読みの練習を様々なアニメキャラクターの声で読んでみたり，算数の文章題には「エミさんはりんごをどこのスーパーで買ったでしょう」などと必要ない文章を付加してみたりします。勉強がしんどい子を授業という同じ土俵に上げる効果も期待できます。何気ないホッとできる笑いが教室の雰囲気を明るくします。

　何より大切なことは，先生が率先してニコニコしていることだと思います。

これで突破！
- ・教室を笑いで溢れさせ，明るい雰囲気にすることが大切
- ・まずは先生自身がにこやかに学校生活を送ること

3 クラスの成長と課題を子どもと共有しているか？

6月危機は教師がつくり出しているのかもしれない。
子どもたちはクラスをどう思っている？

困った場面

Q 毎日のように小さいトラブルが起きています。教室もどこかソワソワしています。トラブルへの指導と授業で，一日を過ごすことに精一杯です。

A 例えば，みなさんが目的も何の役に立つのかも知らされず，「とにかくやってくれ」と言われた仕事にやりがいを感じるでしょうか。裏を返せば，「この仕事には○○の意味があって，△◇の効果があるのだよ」と言われれば，納得して仕事ができるということになります。

子どもたちに話を変えます。子どもたちは日々の学校生活をどのように送っているのでしょう。明確な目的もなく，先生の言われたことをこなし，「きまりだから」と押しつけられたルールの中でただ漫然と過ごしているのでしょうか。少し言い過ぎたかもしれませんが，もしそのような状態だったとしたら子どもたちがトラブルを起こすのも，教室がソワソワするのも納得しませんか。

教師の強いリーダーシップによって子どもたちをまとめているクラスは，手綱から放れると子どもたちが四方八方へ進み出します。一方，子どもたちが自分たちのクラスの伸びを実感し，さらに伸びようとしているクラスは，教師がまとめなくとも，全員が同じ方向に向かって進んでいきます。

明確な目標が見えにくいこの時期は，クラスの成長や課題を明らかにして，全員で共有することがとても重要です。

成功のポイント　クラスの成長と課題を子どもと共有しているか？

教師がクラスの課題を感じ，「△△ができていないよ」「もっと○○しなさい」という指導もしないわけではありませんが，教師からの一方的な指導のように感じてしまいます。むしろ大切なのは，子どもが何にクラスの成長を感じ，課題だと思っているのかです。教師⇔子どもの双方向で成長と課題を共有することで，クラスの緩みがかなり改善されると考えています。

具体的な取組として，振り返りノートを毎日書いています。1日1ページで教師からのコメ

「バカになるときはバカになる！」「つらくてもがんばれば喜びは何倍にもふえる」など価値が書かれています

ントは書きません（ただし，素敵な記述だと思ったところにはラインを引きます）。子どもたちは自分のがんばりや仲間への感謝，クラスの成長など多岐にわたって書きます。「クラスをここまでよく見ているのか！」と感心するばかりです。子どもから OK が出れば，読んで紹介もします。また，表紙には子どもたちが大切だと思った "価値" を書きためていきます。

そして数か月に一度，「今は学級目標達成度何％？」と理由もセットで数値を書いてもらいます。数値は平均にして子どもたちに伝えることもあります。「こうすればもっとクラスがよくなる，楽しくなるという最も効果的なアイディアをペアで話し合ってみて」とすると，子どもたちは楽しそうに，ですが真剣に自分のクラスのことについて話し合ってくれます。

これで突破！

- 子ども自身が自分のこと，仲間のこと，クラスのことを自覚できるように
- クラスで共有して，現在地と目的地へのルートをはっきりさせる

4 ご褒美が緩みの元に なっていないか？

「○○が達成できたら，□△しよう」のような取組は
中学年でも効果大。けれど……

困った場面

Q 子どもたちから「もうすぐ夏休みだから，お楽しみ会しようよ」とよくお願いされます。私には，ただ楽しみたいだけのように見えてなりません。してあげた方がよいですか。

A ある教室で授業を参観したときのことです。公開授業の前なので5分前には子どもたちが着席していて，授業者と会話をしています。

授業者：今日の給食は花丸でいいかな？

子ども：大丈夫，大丈夫。

子ども：はい，いいでーす。

どうやら，給食準備や片付けが正しくできると花丸をもらえるらしいのです。よく見ると教室に「花丸が1日に12個たまったら合格。合格30日でお楽しみ会！」と掲示されています。

　そのとき，たまたま私の前に座っていた子がボソッとつぶやいたのです。

子ども：ホントは給食のとき遊んでいる子，いたのに……。

この場面を見たときに，「ご褒美がクラスの緩みにつながっているかもしれないなぁ」と感じました（一場面しか見ていませんので実際のところはわかりませんが）。つまり，教師は給食の準備，片付けを正しくしてもらうために，お楽しみ会という「ご褒美」を使っているのですが，子どもたちにとっては，ご褒美をもらうことが目的になっているのです。

成功のポイント ご褒美が緩みの元になっていないか？

このような「〇〇ができたら……」というように，子どもたちが報酬を受け取るような取組が数多くなされています。「ビー玉貯金」や「ごほうびシール」などもその一つです。この取組自体がよいか悪いかは，ここではさておき，事例の最大の問題点は，

> 花丸かどうかの判断を子どもに委ねていること

です。当然，子どもたちはお楽しみ会がしたいですから，花丸がもらえるように自己評価します。その結果，正直に"準備と片付けができていない"と言いたい子どもは，話すことで周囲から「えー！」と責められるのが嫌ですから，黙るしかありません。集団の圧力に苦しむ子を生み出してしまいます。

もう一つ注意すべき点は，

> 外発的なモチベーションを高める取組は，使う場面を正しく判断しないと，逆効果になる

ということです。心理学でも言われる通り，人の意欲には，報酬や評価を得るための外発的なモチベーションと，取組に面白さや充実感を感じるための内発的なものがあります。「給食の準備をテキパキしたい」「片付けをきれいにすると気分がいい」と内発的なモチベーションが高い子どもたちが多数いる中で，安易に「お楽しみ会」という報酬を取り出すことは逆効果です。せっかく，内発的なモチベーションが高いのに，報酬がないと準備や後片付けをしない子どもを育てることになります。

これで突破！
- 多くの声の中に，言いたいけれど言えない子がいるかもしれない
- 外発的モチベーションを高める取組の使い方を間違えてはいけない

5 ◀ 教師の熱意が空回りして いないか？

**よかれと思ってやっていることは，もしかしたら子どもにとっては，
よいことではないかもしれない**

困った場面

Q 学期末なので，漢字，計算ドリルを３回ずつやって提出することになっています。最初に決めた約束なので指導がブレないためにも，しっかりやらせたいです。ですが，「子どもたちのために！」と思って熱心に指導すればするほど，子どもの心が離れていっている気がします。

A 「ドリルを３回する」という約束は，おそらく４月に「３回するんだよ」と教師から説明をしたのではないですか？ もちろん，勉強をできるようにすることは教師の仕事ですから，そこは「ねぇ，みんなドリル何回やることにする？」と，無理に子どもたちに回数を決めてもらう必要はありません。子どもたちの実態を見て，教師が決めればよいことです。問題なのは〝熱心な指導〟です。熱心な指導がどのように形を変えて子どもたちの指導として形になるのかということです。

いろいろな教室を見ていて「ちょっとなぁ……」と思うのは，学期末になると黒板脇にドリルの番号と子どもの名前がたくさん書かれる風景です。あの風景は，強烈なメッセージを放っています。

「ドリル○，▽，◇がまだ終わっていないのは，Ａさんと Ｂ さんと……です」

すなわち，「Ａさんはちゃんとやらない人です」「Ｂさんは勉強できません」というメッセージです。この行為が私には熱意の空回りに見えるのです。

成功のポイント 教師の熱意が空回りしていないか？

外してはいけないポイントは，

> 子どもたちのニーズを把握する

ということです。別の例で考えてみます。これまた学期末になると，テストの枚数が増えてきます。すると，思うように点数がとれなかった子に対して先生が言うのです。「お昼休みに〇〇塾（〇は担任の名前）開くから，集合」と。

「勉強をできるようにしたい」という一方的な教師の思いから，子どもが何を望んでいるのかをリサーチすることもなく，お昼休みに集めるのです。お昼休みに友だちと遊びたいと思っていた子からしたら迷惑なものです。ただでさえ，学期末でドリルの提出締め切りは迫っている，テストは多いでストレスを感じている子もいるかもしれません。そんなところに，さらにお昼休みの自由まで奪われては，たまったものじゃありません。そして，そんな先生に限って「子どもたちのためにやっている」「自分だって忙しいけれど，休み時間を削って教えている」と思っていらっしゃるかもしれません。そもそも学期末にテストを大量にやらなければいけないのは教師の無計画が原因かもしれないのに……。

子どもたちから「勉強教えてください！」と言われれば，喜んで教えてあげればよいだけの話です。子どもはどうしたいのか？ そのニーズを探らずして，こちらから一方的にサービスを提供しても，そのサービスが受け入れられるか否かはわかりません。さらに言えば，サービスが"余計なお世話"になる可能性もはらんでいるのです。

これで突破！
- 教師の熱意が子どもに伝わるように，正確にニーズを把握する
- 熱意の空回りは，子どもとの関係を悪化させる原因となる可能性もある

6〜7月

6　授業で子どもたちは輝いているか？

授業はどのように始まる？
授業の最後は「まとめ」で終わり？

困った場面

Q 緩んでいるわけではないのですが，私の授業スタイルというか，授業の様子がわかってきて，授業が良くも悪くも落ち着いています。夏休み前に，もう一段階授業のレベルを上げたいです。

A 子どもたちに授業終盤によく言われる言葉があります。
「先生の授業って，いっつも，いいところで終わるよね〜」「あぁ，また続きは次回なのね。次の時間も続けようよ」

漫画やアニメは，必ずいいところで終わりますよね。「あぁ，この先が観たいのにぃ」「主人公どうなっちゃうの？」というところで To Be Continued.　授業もそうなるように努めています。

それは，学習には単元があるからです。ですから授業と授業のつながりを大切にしなければなりません。授業終盤で次の授業のスタートとどのようにつなげるのかを意識します。

この習慣は教師の授業力向上にもつながると考えています。なぜなら，授業の終盤を次の授業とつなげるということは，「今日の授業で最後には，この状態になっていないとダメだな」というゴールから授業をつくることができるからです。授業の逆向き設計です。経験の浅い先生方は特に，授業をスタートからつくることが多いように思います。ゴールから授業をつくっていくと，子どもたちに1時間の授業でどのような力をつければよいかがクリアになります。

成功のポイント 授業で子どもたちは輝いているか？

　ポイントは，次の時間が気になるように授業を終わることです。4年生社会科の水の学習で具体を説明します。

教師：1回目の東京オリンピックの頃と比べて，一人あたりの水の使用量は，どう変化していると思う？

A子：洗濯機や加湿器みたいな電気製品が増えて，水の使用量も増えていると思う。

B夫：最近，節水とかエコという言葉をよく聞くから，減っているんじゃないかな。

　　　―学級で議論―「増えた派21人」「減った派13人」

教師：実際はどうなのか調べてみますか？（子どもたち「はい！」）　おっ？時間だ。じゃ，続きは次回。（子どもたち「えぇ〜」）

　他教科も同様です。算数でも「今日はたし算でできたけれど，引き算でも同じ方法が使えそう？　なんだか意見が分かれているね。じゃあ明日ね」なんて言うと，子どもは「えぇ，今やろうよ」と目を輝かせながら言うこともあります。休み時間関係なく学習を続ける子どもたちも珍しくありません。翌朝，「先生，家で調べてきたよ！」と言って自学ノートを見せてくれる子も出てきます。これが本当の意味で自主学習ですね。

帰り支度よりも話し合い

これで突破！

・授業の終わりで，「続きが気になる」「早くやりたい」と思わせる

・授業と授業がつながると，子どもの意欲もつながり出す

1

これで通知表はカンペキ！

> 後から思い出そうとすると時間がかかる。
> そのとき，その場で記録をとる習慣が大切

困った場面

Q 学期末が近づいています。毎回，通知表の所見を書くのに時間がかかってしまいます。すぐに書けるよい方法はないでしょうか？

A 通知表に時間がかかるのは，それだけ一生懸命に子どもたちのがんばりを伝えようとしている気持ちの表れととらえることもできます。素敵なことです。一方で，非効率的なやり方で時間がかかっているのであれば，改善の余地があるかもしれません。

　まず，学期末になって，慌てて子どものノートや作品を見なおすことは，あまりオススメしません。同様に，プリントを子どもたちに配付して，教科や学校行事でがんばったことを書かせることもしません。子どもが記述したものを見て教師が評価をしてもよいのでしょうか。万が一，事実と異なる記述がなされていたら，どうするのでしょう。教師として適切に子どもを普段から見ていると言えるでしょうか。

　とは言うものの，4月から7月までの4か月間の出来事をもれなく鮮明に覚えていることは不可能ですから，何らかの「記録」をとる必要があります。こまめにコツコツと記録することが一番です。それも，特筆すべきことがあった日はなおさらです。

成功のポイント これで通知表はカンペキ！

　こまめに記録を残すことが最も重要です。ご自分にしっくりくる記録方法がよいと思います。

　・授業黒板を毎時間，写真に撮る。
　・顕著な活躍，成長した姿などノートに１日３人ずつメモをする。
　・ボイスレコーダーに向かってしゃべって録音する。

　黒板には，子どもたちが発言したこととセットでネームプレートを貼ります。撮影した写真を見ると，その授業の発言内容と発言者がわかります。ノートなどにメモをする方法もよいと思います。無理なく続けられるように「１日○人」と人数を決めます。さらにメモする時間もルーティン化されるとよいと思います。私は子どもたちが下校した直後10分を設定していました。メモすることのよさは，メモが増えていくと，メモになかなか出てこない子どもを把握できることです。ノートにメモする子に偏りがあるということは，その子を見ることが少ないということです。書くことが苦手な場合，ボイスレコーダーはどうでしょう。「○○さんが，理科の時間に嫌な顔一つせず，最後まで実験道具を片付けていた」などのコメントを録りためていきます。

　私は，上記の方法以外に短冊に子どもたちのキラリと輝く姿を書いていました。書いた短冊は帰りの会で子どもたちに読んで紹介し，掲示しました。通知表の所見に使えるばかりでなく，子どもたちのがんばりを可視化して子どもたちと共有できるというよさがあります。

短冊には子どもの活躍，成長がズラリ

これで突破！

- 日頃から記録する習慣がつくと所見は効率的に書ける
- 記録する習慣は，教師の子どもを見る目を鍛える

2

通知表は保護者へのラブレター

そこに愛はあるのか？
愛のある所見で保護者に思いを伝えよう

　困った場面

Q 通知表の所見欄には学習や学校生活に関することを書くことは わかります。所見を書く際のポイントを教えてください。

A 2つの所見を読み比べてみてください。

> 　ユーモアがあり学級を笑顔にしてくれます。優しさもあり仲間や学級のこと を最優先に考えてくれました。
> 　積極的に発言をする一方で，仲間の意見を自分の考えと比較しながら聞くこ とができます。加えて，算数ではどの考え方が簡単で合理的かといった視点で 判断することができました。国語「ごんぎつね」の学習でも，記述を基にして 物語の流れを読んで登場人物の心情の変化を理解することができました。

> 　ユーモアがあってみんなを笑顔にしてくれるばかりでなく，優しさに溢れ， いつも仲間や学級のことを最優先に考えてくれる○○さんが大好きです。たく さんの伝えたいことがあり，積極的に発言をする一方で，仲間の意見を自分の 考えと比較しながら聞くことに優れ，学びをより深いものにしています。加え て，算数ではどの考え方が簡単で合理的かといった視点で判断することができ， 自分の考えを変更する姿は大変立派です。国語「ごんぎつね」の学習でも，銃 で撃たれたきつねの心情について，記述を基にして物語の流れを読んで理由を 挙げることができました。

①ユーモアがあって他者意識があること

②考えを主張でき，仲間の意見も聞けること

③算数の視点と国語の読み取りのこと

内容は同じですが，もらって読んだときの印象は違うのではないでしょうか。

成功のポイント 通知表は保護者へのラブレター

> 「具体的エピソード＋教師の解釈」をセットで書く

ことがポイントです。もう一つ例を示します。

> 収穫した野菜でパーティを開くことになり，グループをどのように決めたらよいか学級会で話し合いました。「ケンカが起きるかもしれない」と，心配する意見が出される中で，「今までずっと協力してきたし，このクラスはそんなクラスじゃないと思う」と発言しました。簡単なようで，なかなかできることではありません。学級や仲間のことを考える○○さんの優しさを感じることができた場面でした。

この例では，グループ編成を話し合った場面がエピソードに当たります。そして，「簡単なようで，できることではない」「○○さんの学級に対する優しさを感じる」の部分が教師の解釈となります。

このように，エピソードをより具体的にするのです。「運動会の徒競走では１位でゴールしました」よりも「『腕振りを大きくすれば，早く走れるはずだ』と話していた○○さんが，本番でも練習の成果を生かして走り，見事に１位でゴールしました」の方が伝わるはずです。何しろ，徒競走で１位になった事実は，当日の運動会で保護者の方も見ていますから。

もう一つのポイントは，エピソードに対して担任はどう考えているのか伝えるということです。「先生は，うちの子のことをそんな風に見ていてくれたんだ」「先生，よく見てくださってありがたい」と保護者に思ってもらうためには，教師の解釈の部分が重要です。

どのように書けば，保護者の方に喜んでもらえるのか。もらった子どもたちの次学期への意欲につながるのかを考えます。教師の表現力が試されます。

これで突破！

・その子一人一人に愛をもって所見を書く
・愛のある所見は，Ａ・Ｂ・Ｃ評価を凌駕する

一杯のコーラ

　全国有数の酒どころに生まれたにもかかわらず，日本酒よりもコーラが大好きです。健康のことを考えて，幾度かコーラ断ちを試みたのですが，なかなか断つことができません。1か月も持ちません。

　これと同様の現象が，学級づくりにも現れます。それが6月，7月です。「こんな実践をしてみよう」と意気込んだ取組が息切れして，「今年こそは」という熱い思いも，気が付けば冷めてしまって元通り。そんなときは，一息つきませんか？　無理して我慢してイライラするより，学級状態を悪化させてしまうより，一杯だけコーラを飲みましょうよ。（笑）

　私は，現在もそうなのですが，人と同じことをするのがあまり好きではありません。採用間もない頃は特に顕著でした。当時は毎日に必死でしたが，今思えば，「他の先生とちょっと違って……」「うちのクラスだけは○○が……」と子どもたちに思われたかったのでしょう。承認欲求が高い，面倒くさい"かまってちゃん教師"でした。ですから，学年で一人だけ違ったことをすると，よく学年の先生から指導を受けました。あのとき，もう少し聞く耳をもって先輩の話が聴けていたらと思います。

　4月から全力疾走で駆け抜けてきて，少し息切れを感じたならば，一度，自分の取組を客観視することです。実践の渦中から抜けて，俯瞰してみると違った景色が見えるかもしれません。実践者と外から見ている教師では見え方が異なるのです。そして，いつもは外側から見ている同僚の実践も，中に入って見てみると違って見えるかもしれません。一息つくことで，先生自身が心にゆとりをもつこと。点検，修正し次の戦略を練ることが，この時期には大切なことかもしれません。

第4章

節目は人の
やる気を引き出す

9〜10月

1 夏休み明けの教室で 大切にしたいこと

ただ漫然と夏休み明け初日を過ごすのはもったいない。
さらば，夏休みモード

困った場面

Q 夏休み明け，初日に気を付けることは何でしょう。子どもたちと久しぶりに再会するのですが，どんなことに気を付けて子どもたちを迎えればよいでしょうか。

A 新年度4月を色に例えて「金」。それほどスタートを大切にしましょうという，あまりにも有名な教育実践があります。すると9月は差し詰め「銀」といったところでしょうか。夏休み明け最初の数日間もとても大切な時間です。4月はスタート，9月はリスタートです。夏休み期間を経ての再出発となります。

　9月も4月同様に，子どもたちとの出会い（再会）を楽しみ，子どもたちに「よし，夏休み明けもがんばるぞ」と思わせることを最優先します。楽しいゲームでもよいですし，ペアやグループで夏の思い出を紹介しながら，おしゃべりを楽しむのもよいと思います。ただし，夏休み明け初日は，子どもたちからの提出物が多く，中にはコンクール等の出品作品や出品料を持ってくる子もいます。提出物については，作品の破損や紛失，お金の盗難などがないよう，細心の注意が必要です。楽しい活動をした後に提出物を集めると，子どもたちの心が落ち着かず，ミスが生じる危険性がありますから，順番を間違えないようにしたいところです。

成功のポイント 🖊 **夏休み明けの教室で大切にしたいこと**

　4月と9月の違いは，教師が子どもたちの情報をもっていることです。4月も引継ぎ資料や前担任との情報交換からある程度の情報を得ていますが，9月の方が断然，子どもたちのことをよく知っている状態です。夏休み明け初日は，子どもたち一人一人を「夏休み前の様子」と比べながら，よく見ます。

　「あれっ？　〇〇さん。こんなに表情が暗かったかな……」

　「言葉遣いが少し乱暴になっている気がする。目つきもキツイぞ」

　「持ち物や提出物忘れの数が多いのが気になるな。何かあったかな」

といった具合です。

　ただし，子どもたちや学級の状態を見る前に，ある程度の覚悟をしておく必要があります。それは，「夏休み期間を経た子どもたちの姿や学級としての成長は，数か月前の状態に戻っている可能性がある」ということです。

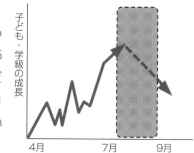

子ども・学級の成長

4月　　　7月　　　9月

学校を離れれば当然，力は落ちるもの

　よいことも悪いこともあり，前進と後退を繰り返しながら少しずつ成長してきた子どもたち。ですが，学級を離れて1か月以上もの間を各家庭で過ごすのですから，前の状態に戻っていたとしても不思議ではありません。一方で，夏休みにしか経験できないこと，家庭での生活でしか伸びない力が子どもたちについていることも事実です。夏休み明け初日は，再会を楽しむとともに，子どもたちの夏休み中の成長を，宝探しのつもりで探してみると楽しいかもしれません。

🖐**これで突破！**

・一つ一つの活動をじっくり丁寧に。子どもたちの様子をよく見る

・子どもの状態，学級状態の"現在地"を把握する

2 "みんなお帰り" の教室環境

> 学校生活がまた始まるという節目は，
> 気持ちも新たに再スタートできるようにしよう

困った場面

Q もうすぐ夏休みが終わります。夏休み明けの最初がとても大切なことは知っています。うまく再スタートを切りたいと思っていますが，どうすればよいでしょう。

A 9月からの教材研究や大きな学校行事の見通しを立てるなど，やるべきことは多々ありますが，まずは子どもたちを迎える教室環境を準備しましょう。1か月以上，教室が無人状態ですからホコリがたまっていたり，掲示物の緩みやはがれがあるかもしれません。目に見える環境から清潔に，整然とした教室を心がけましょう。教室は，子どもたちにとって第二の家です。「みんな待っていたよ。お帰り」の気持ちを伝えたいものです。

どんなに「学校大好き」な子どもでも，夏休み明けの再スタートは，重い腰を上げて「よいしょっと。学校始まっちゃうかぁ」のようなところがあります。（日曜夕方の果物から大家族が出てくるアニメを見ているときのような気分の"豪華版"です）。これまでの夏休みモードを学校モードに切り替えるわけですから当然です。

ですから，学校へ登校する抵抗感が和らぐような工夫，朝の登校後に教室で落ち着いたり，ワクワクできたりする工夫が必要です。「暑中見舞いと黒板メッセージのリンク」をオススメします。

成功のポイント “みんなお帰り”の教室環境

　私の勤務する学校は，子どもたちにハ
ガキを出しています。写真は4年生の子
どもたちに出した暑中見舞いです。「も
うすぐ夏休みが終わるよ！」という予告
と多少の負荷をかける意味も込めて出し
ています。この年は，かの有名な色白の
お殿様の舞台を観に行ったことを紹介し
ています。教師の私生活の部分を少し見

子どもたちへの暑中見舞い

せることは，子どもにも保護者の方にも親近感をもたせると思っています。
そして，黒板メッセージです。

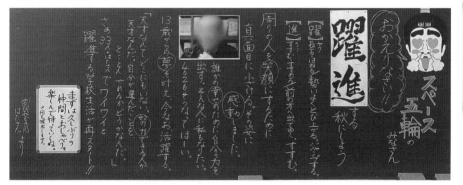

夏休み明け　教室の歓迎黒板メッセージ

9〜10月

　暑中見舞いで紹介したお笑い芸人とリンクさせて，子どもたちに対して，
これから始まる学校生活に対しての教師の願いと期待を書きました。登校初
日から，黒板を指さしながら笑顔いっぱいに話しかけてくる子どもたちとの
出会いができました。

これで突破！
- まずは物質的な環境整備を。そして何よりニコニコの教師の笑顔を
- 第二の家である教室に気持ちよく帰ってこられる環境にする

3 いつも同じ子ばかりが活躍していないか？

**高学年になってリーダーが固定されるのは,
中学年の頃の経験にも責任がある？**

困った場面

Q 2学期の学級代表（学級委員）を決めようとする際,立候補する子がいつも決まった子たちばかりです。周囲の子も立候補しようとするのですが,他の立候補者を見て,あきらめてしまいます。

A リーダーシップがあって,何事もてきぱきと進めてくれる子が代表になってくれると教師は"楽"かもしれません。ですが本当にそれでよいでしょうか？ 学級代表や実行委員を決める際に,いつも決まった子どもしか立候補しない原因は大きく2つあると考えています。

①自分にはそういう立場は向いていないと勝手に思い込んでいる。
　「積極的なあの子に任せておけば万事OKというお客さん感」
②かつて立候補したが,達成感が得られず,もうやらないと思っている。
　「あのときやってみて,大変だった。いろいろやらされるし……」

私は教室で,よく子どもたちに言っています。

「いつも決まったあの子だけ輝くのはオカシイでしょ。みんなが輝いてこそ学級目標が達成に近づくんじゃないの？ あなたは,どこで輝きを見せたいと思っているの」と。

そして,矛盾しているようなことも言います。

「気持ちがのらない場面で無理して立候補しなくていいよ。無理して,しんどくなるのはダメだから。でもね,背伸びぐらいしようよ。あなたは今年1年間の中でどの場面で,背伸びをしようと思っているの？」と。

成功のポイント　いつも同じ子ばかりが活躍していないか？

　何かの代表を決めるとき，子どもたちには黒板に下図のようなものを描いて説明します。同じ"代表"という言葉であっても，集団のスケールによって，役割の大きさが異なるからです。人前に出ることが苦手な子どもに，いきなり「全校の前で発表しよう。あなたならできるから」と根拠のない応援で代表をやらせたところで，成功して成長する可能性よりも，失敗したり，過度にストレスの高い状況を経験したりして二度と代表をしないリスクの方が高いのです。

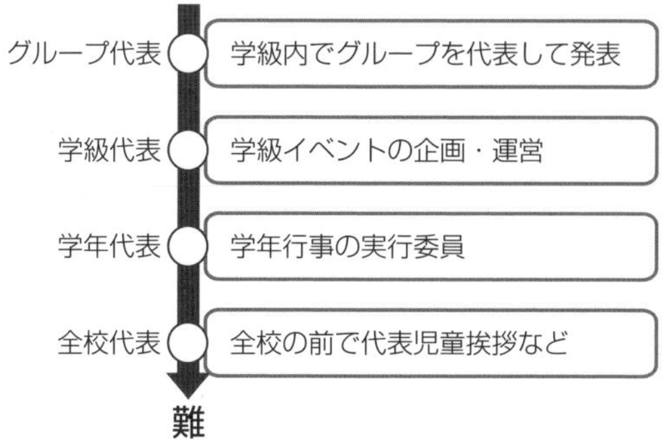

グループ代表	学級内でグループを代表して発表
学級代表	学級イベントの企画・運営
学年代表	学年行事の実行委員
全校代表	全校の前で代表児童挨拶など

難

同じ代表でも難易度は違う

　代表を決定する前には説明を十分に行います。それらの代表をやると，どのような役割があって，どんな仕事をするのかということも詳しくです。加えて，「学年みんなのことを考えて行動する力がつくと思うよ」とか「アイディアを出す力と会をまとめる力が成長すると思うよ」という成長した姿も告げるようにしています。

　そして，いつもは立候補しないあの子が立候補した際には，充実感と満足感が得られるように，教師が全力でサポートします（子どもが自分の力でがんばれたと思えるように陰でのサポートです）。高学年になる前の，中学年のうちに多くの子にリーダーの経験とそのやりがいを積ませてあげたいと思っています。

これで突破！

・事前の丁寧な説明で代表の見通しをもたせる。代表になった子を全力でサポートして，充実感と満足感を与えると「次もやりたい！」につながる

4 子どもに力がつけば要求も高くする

> 授業のレベルを上げるとはどういうこと？
> 課題を難しくすること？

困った場面

Q 子どもは同じことばかりを繰り返していると飽きてしまいます。できることならば少しずつ授業のレベルも上げていって，子どもたちに力をつけさせてあげたいと思っています。今からできる授業のレベルアップの方法はありませんか。

A 子どもに力をつけたいから授業のレベルを上げるのか，それとも，子どもに力がついてきたから授業のレベルを上げるのか，似ているようで異なりますよね。主語が違います。力をつけさせたいと思っているのは教師です。それでは，教師からの一方的な働きかけが強くなる恐れがあります。

力がついてきて，子どもたちも「わたしたち，もっとやれる」と感じているならば，どんどん授業レベルを上げた方がよいと思います。ただし，「できていること」と「これからがんばること」を共有することが重要です。
「自分たちで発言をつなげられるけれど，話し合いの深まりがあまりない」
「仲間の意見は受け入れられるようになってきたけれど，反応が弱い」
などのように，自分たちが目指す理想の授業に対しての達成具合を明らかにする作業です。

授業のレベルを上げるために，何をがんばるのかが明確になったならば，教師からの働きかけを少なくし，子どもたちの切磋琢磨と協働力を最大限に生かしていくと効果的です。つまり，学級の子どもたちが互いに，よい手本を見て真似する，学ぶことで全体的なレベルアップを目指すのです。

成功のポイント 子どもに力がつけば要求も高くする

「できること」と「これからがんばること」の共有 ………………

　ある年，子どもたちと話し合ったときには，「発言は多いけれど，発言者に偏りがある」ことが課題として挙げられました。その理由を出し合っていると，「間違うことが怖い」「周囲の反応が気になる」という意見が多く挙がりました。一方で，「間違うことはクラスの学びを深める」「自分たちの勉強だから，勇気も大事」といった意見も出されました。

　そこで，授業で安心して発言したり，話し合ったりするためにはどうすればよいかを考えました。グループごとに話し合い，その後は全体で共有しました。自分たちで見出したレベルアップの具体策は，教師から与えられた策よりも，はるかに意欲的に取り組む姿が見られました。

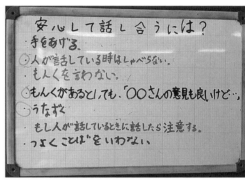

グループで話し合ったホワイトボード

子どもたちの切磋琢磨と協働力を生かす …………………………

　「やらされる勉強」を「自らする勉強」に変えたいと考え，自主学習の割合を増やしていきます。学級全員の自主学習のレベルがグンと上がる取組は「自主学習展覧会」です。定期的に朝の時間などに自分のノートを机上に開いて，互いのノートを見合うのです。真似したいと思う内容や，見やすくまとめる方法など，「ぼくもあんな風に」と子どもたちが切磋琢磨する姿が印象的です。

これで突破！

・子どもたちは，どのような授業を目指しているのか，共有を図る

・高め合う集団ならば，見せ合うこと，紹介し合うことで力がつく

9〜10月

5 何でも多数決で決めていないか？

多数決以外の決め方をいくつ知っている？
どのように使い分けている？

困った場面

Q 学級会に限らず，何かを話し合った際の最後は多数決をすることがほとんどです。ですが，いつも多数決をしていると，少数の子どもたちに不満が残ったりしないでしょうか。

A 多数決は最も民主的な決定方法とも言われていますが，万能ではありません。31人のクラスで，意見が16対15で分かれているならば，もしかしたら多数決よりも，ジャンケンの方がよいときだってあるかもしれません。多数決は最も多くの賛同が得られ，挙手の数で確認がしやすいので小学生にとっては便利という側面をもち合わせます。ですが，いつでも多数決。検討せずに多数決が繰り返されることによる弊害もあるのです。それは，少数派の意見が軽視されるかもしれないということです。ですから，

> 少数意見にもしっかりと耳を傾け，理解を示したり，歩み寄ろうとしたりする

ことが大切です。

自己主張がまだまだ強く，こだわる中学年は，どうしても自分の支持する意見が採用されることを強く望みます。ややもすると，多数決後に「やった！」「勝った」などと喜ぶ子どもも出てきます。そこには，やはり指導が必要です。

　大切なことは，学級会に限らず教科の学習などでも以下のことを繰り返し指導することです。

> **自分の考えが"進化"することの価値を伝える。**

　仲間の意見を聞いて考えが変わることも進化。けれど，自分の考えにこだわって主張し続けることも，立派な進化。どちらも素敵なことだと伝え続けます。さらに，全体へ広げる具体的な手だては2つ。

①少数意見について検討する時間を設定する。

　「少数意見の人たちは，どうしてそちらがよいと思っているんだろうね」「少数意見を支持している人の気持ちがわかる人いる？」などと言って共感できるようにします。これだけでも，少数派の子どもたちは「自分の意見も聞いてもらえた。仲間がわかってくれた」と一定の満足感を得ることができます。

②「○○さんの意見を聞いて，考えが変わったんですけど……」という発言の際には，授業を一旦止めて大いに評価する。

　「仲間の考えをただ単に聞いているだけじゃないんだね。自分の考えと比べて聞いて，取り入れたんだね。スバラシイ！」

　右の写真のような思考方法についての掲示物を確認し，仲間の意見を取り入れることで考えが深まることを実感しながら理解していくのです。

「考えるとき」に「考えてほしい」

どうして そうだと はっきり分かるの？
どうして そうなるのだろう？
いつもそう？ ちがうこともある？
それには 何かルールが あるかな？
それが 正しいという証拠が 何かある？
何か 例を 挙げられる？
他のみんなも そう思ってる？
もし そうでないとしたら どうなる？

思考法の掲示物

これで突破！

・多数決のよさと課題を子どもたちにも知ってもらう

・少数意見を大切にする教室の雰囲気を創り出す

学級経営の戦略を点検する

**目の前の子どもたちは，実は様々なサインを出している
かもしれない。教師が見逃しているだけかも……**

困った場面

Q 管理職の先生や生活指導主任の先生に，「いじめの予防やトラブルを未然に防ぐために子どもたちをよく見てください」と言われますが，何を見たらよいのでしょう。

A 人は，意識しているものしか見えません。ですから，教師の中に子どもを見る目がなければ，「目の前の光景も単なる景色」です。例えば，次のような状況はどうでしょう。

・教室環境が乱れ始める。

・忘れ物が増える。

・教室がざわつく，指示が通らない。

・指示しても反応が遅い，ニヤニヤしている。

・言葉が粗暴で，人を傷つける。

・挙手や発言者が極端に少なくなる。

・「えー」「なんでぇ」が増える。

挙げればきりがありません。そもそも，それぞれの先生がどのような視点で子どもを，クラスを観ているのかによって，予兆を見逃している可能性もあります。そして，「最近，クラスが少し変だな」と感じた時点で，クラスの荒れは相当進行していると認識すべきです。子どもたちをよく見るということは，それを見る教師に明確な視点があるかどうかということです。

成功のポイント　　学級経営の戦略を点検する

　年度当初に立てた学級経営案はあるでしょうか。なかったとしても，「今年１年間で子どもたちをどのように育てたいのか」というビジョンや，「学級を成長させるために，これを軸としよう」といったような戦略があるかと思います。それを一度，立ち止まって点検してみませんか？　目的地に向けて，乗り継げると思っていた電車に上手く乗り換えられず，路線を変更する。あるいは，電車をやめてバスにすることが学級経営にも必要だと思うのです。そもそもすべてがプラン通りに，思い通りに進む方がおかしいのです。気になる状況が出る前に，教室の現在地を把握しておいた方がよいと思います。

「見ること」チェックリスト

□ 授業以外の子どもたちを見ているか？
　（休み時間，清掃，登下校など）

□ 先生と話すとき，どんな表情をしているか？
　（笑顔でいる，納得しているなど）

□ 子どもの言い分を最後まで聞いているか？
　（教師が決めつけていない？　強引に話を終わらせていない？）

□ 教師の都合だけで子どもたちを動かそうとしていないか？

□ 授業に全員が参加しているか？
　（一部の発言で授業を進めていない？　先生ばかり話していない？）

　目の前で見えている現状に対して，ご自身が立てた戦略が大きくズレているようであれば，軌道修正を図らねばなりません。「自分の見取りが甘かった」「子どもを見る目がまだない」と必要以上に落ち込まないで。子どもの現状に合わせて，戦略を変えていく。その繰り返しこそが学級経営ですから。

これで突破！
- まずは子どもたちと学級の現在地を把握する
- 現状に合った戦略に変えていくことが学級経営

2 行事で大きく成長する

> 行事で子どもが大きく成長するのには理由がある。
> 失敗から得られる成長もある

困った場面

Q 大きな行事は，準備や練習期間が長くて指導も大変ですが，成功したときの子どもたちの成長も大きいように感じます。学校行事で子どもたちを成長させるコツはありますか。

A 苦労した分だけ，その後の感動や喜びは大きいものです。何の努力もせずに5人で競走して1位になっても，それほど大きな喜びは得られません。ライバルに勝たんと毎日練習し，挫けそうになりながらも努力を続けるからこそ勝つ喜びがあるのです。

学校行事は準備の期間が長いです。その間に大変なこともたくさんあります。その分，成長が大きいのも確かです。ただし，行事は成功しても失敗しても，どちらもOKなのです。成功することで得られる成長もありますし，もちろん失敗から得られる成長だってあるのです。ただし，失敗は失敗のままで終わらせないことが大切です。

行事の前に立てた目標が達成され，子ども自身でも成長が感じられるようであれば，それは行事が成功したと言えます。ですが，思うような結果が得られないことだってあるはずです。例えば運動会で優勝できなかった。子どもたちはこの事実だけを受け止めてしまいがちですが，そこにどのような成長があったのかを振り返り，自覚する。次に向けてどのように生かすかを考えることが大切です。

成功のポイント　　**行事で大きく成長する**

「転んでも，ただでは起きない」，これが大切だと感じます。

　学年の2クラスが，それぞれのクラスのよいところを自慢し合う「4あわせ（しあわせ）クラス自慢PR合戦」というイベントを学級委員が企画したことがありました。私は子どもたちの気持ちが高まるよう，ポスターを制作して教室に掲示しました。

イベントポスター

　私のクラスでは学級会が開かれ，何を自慢すればよいのかが話し合われました。結果，「個性的な一人一人の面白い自己紹介をする」ということで決まりました。教育実習生が2クラスの自慢を審査してくれることになっていましたが，休み時間も幾度となく自己紹介の練習をした子どもたちには負ける気など毛頭ありません。

　いよいよ本番。子どもたちは最高のパフォーマンスを見せます。自己紹介が終わった後も満足気な表情をしています。そして結果は……「負け」。

　子どもたちは少しがっかりしているように見えました。ですが次の日，子どもたちが「教育実習生にインタビューに行く」と言うのです。審査をしてくれた教育実習生を見つけて子どもたちは「勝ったクラスと私たちの差は何ですか？」と食い気味に質問攻めをしていました。「今度は負けない」という子どもたちの学びを次へ生かそうとする気持ちは大きな成長だと感じた出来事です。

質問攻めに実習生もタジタジ

これで突破！

- 行事が必ず成功するとは限らない。失敗から得られる成長もある
- 失敗をそのままにせず，次に生かそうとすることが大切

3 4月に決めた学級目標が 意識されていないと感じたら

> **学級目標が意識されないのは，機会がないから。 具体的な姿としてイメージしないから**

困った場面

Q 学級目標が子どもたちにあまり意識されていないように感じます。学級目標の効果的な活用方法を教えてください。

A 学級目標を行事に下ろして具体化します。例えば……

学級目標：「スマイル・チャレンジ3年1組」

↓

音楽会の目標：笑顔で助け合って，難しくても挑戦したい。

お家の人に「上手だったよ」って言ってほしい。

「仲間と教え合って難しい曲にチャレンジ」

「笑顔で元気な3年生らしい歌声にチャレンジ」

集団の目標を設定したら，併せて個人の目標も設定します。個々の力は様々ですので，その子に合った目標を子ども自身に設定させます。目標を設定したら，練習。練習をしたら評価や振り返り。「仲間と教え合っているか」「3年生らしいとはどういう姿なのか」「表情はどうか」と，練習中も折に触れて，子どもたちに問いかけます。

どのような姿になれば，学級目標に近づいているのかということが明確になれば，子どもたちはそれに向けて精一杯がんばります。学級目標を具体に下ろす必要があります。

成功のポイント　**4月に決めた学級目標が意識されていないと感じたら**

　学級目標はなぜ，一度決めたら1年間そのままなのでしょう？　2学期になって，その学級目標がすでに達成されているとするならば，新しい学級目標を作ってもよいのではないかと思います。また，学級目標は変わらずとも，子どもたちが目指す具体的な姿のレベルは，上げていくべきなのではないでしょうか。

　私がまだ20代だった頃。学級目標にサブタイトルをつけていました。

　1学期「ドラ5ンクエスト」

　2学期「ドラ5ンクエスト2〜一歩前へ！　今 充実の時〜」

　3学期「ドラ5ンクエスト3〜輝け自分！　照らせよ仲間 !!〜」

　本来であれば，サブタイトルは子どもたちと話し合い，さらに成長していくために「何をがんばるのか」を子どもたちと共有すべきですが，当時は勝手に私が考え，子どもたちに伝えていました。今振り返っても，恥ずかしい限りです。

　同様に，学級目標の掲示物も一度作って終わってしまうのはもったいないと考えています。新しいものが貼られ，

学期ごとにバージョンアップ

付け加えられて進化・発展していくような"成長型学級目標"がいいなと思います。それがクラスの成長の足跡となり，歴史となっていきます。

これで突破！

- 学級目標⇒行事目標⇒個人目標に下ろす
- 子どもたちと学級の成長に伴って，学級目標だって成長してよい

4 子どもが自分の損得でしか 行動しない

教師が損得で動いているから, 子どもも損得で動くようになってしまうのでは？

困った場面

Q クラスの子どもたちに「～してくれない？」とお願い事をすると「えぇ～」と嫌がることが増えてきました。「クラスが助かるんだけどなぁ」と話しても,「なんでオレにばっかり言うの？」と文句を言うように返事がきます。

A 教　師：○○さん, ちょっと荷物運んでほしいから一緒に職員室に取りに来てくれる？

子ども：えっ, 遊びに行きたいんですけど, なんでワタシ？

教　師：あなた今日, 日直でしょ。もう一人の○○さんに声かけて, 2人で来て。

子ども：でも, ○○さんはもう遊びに行って, どこに行ったかわからない……。

教　師：探してきて。お願いね。

子ども：えーヤダー‼

　なんだか, 日常の学校生活でよく見かけそうな場面です。実は, こうした何気ないことの積み重ねが, 損得でしか行動しない子どもたちにしている恐れがあるかもしれません。

　教師の都合だけで, お願い事ばかりしていないでしょうか。それで子どもが動いてくれたら, 当たり前と思わず,「やってよかった」と思えるような感謝をしているでしょうか。そうした些細なことの積み重ねが, 子どもたちに「やっても得にならない」という考えを芽生えさせてしまう要因になりかねません。

成功のポイント 　子どもが自分の損得でしか行動しない

> ハッピーサプライズを教室の日常にすること

がポイントです。誰かがうれしくて幸せになるようなサプライズをどんどん
と仕掛けていきます。筆入れをこっそり隠すとか，引き出しに飛び出す仕掛
けを仕込んでおくようなドッキリではありません。

　さらに，ハッピーサプライズを教室の子どもたちに浸透させる効果的な方
法があります。それは，

> 教師自らがどんどんとハッピーサプライズを仕掛ける

ということです。例えば，その日誕生日を迎える子がクラスにいたとします。
そんなときには，「今日さ，○○さんが誕生日なの。だから，給食の時間に
なったら突然，ハッピーバースデーの歌でお祝いしたら喜ぶと思わない？」
などと言って日直に話します。子どもたちは誰かにナイショでこっそり何か
をすることが好きですから，だいたいの場合，「いいね」と乗ってきます。

　他にも，運動会の応援団をがんばった仲間に，こっそり色紙に寄せ書きを
用意しておきます。教室で応援団からの話が終
わって，「さようなら」のあいさつをしようと
思った瞬間に，「ちょっと待ったー！」と言っ
て，色紙の贈呈。応援団の中には，驚きとうれ
しさで泣き出す子も出てきます。

係までできてしまいます

　ハッピーサプライズが教室の日常として浸透していくと，子どもたちは自
然と「誰かのため，みんなのために行動することの気持ちよさ」を感じるよ
うになります。係活動で「ハッピーサプライズ係」ができることもあります。

これで突破!

- ハッピーサプライズを日常にするには，まず教師から
- ハッピーサプライズが増えてくると，教室の雰囲気が温かくなる

保護者が満足する
学年・学級懇談会

配付された資料を講師の先生が，
ほぼ読み上げるような研修会に参加したことはある？

困った場面

Q 学習参観の後に，学年懇談会や学級懇談会が行われます。学年だよりを資料として，子どもたちの様子や成長をお伝えしてはいます。ですが，学年主任と私が説明をしているときの，あの静かな空気が怖くてたまりません。保護者の方も満足しているようには見えませんし……。

A 採用されて間もない頃，不思議なことがありました。当時，勤務していた学校は学年懇談を行うと，約半数ほどの出席率でした。ですが，ある先生が担任する学年だけ，出席率が異様に高いのです。全員とまではいかなくとも，ほぼそれに近い人数が毎回，参加していたと記憶しています。

当時の私は，「5時間目の参観で，何か楽しい授業でもしているのかな？」「初めての宿泊学習が近いから？」などと，理由もわかりませんでした。そればかりか，「クラスに心配なことでもあるのか？」とさえ思っていました。ですが，今思い返してみると，その秘密は懇談会だったのです。

教室で私が懇談会をしていると，2つほど離れた，その先生の教室から保護者の方のガヤガヤと話す大きな声が聞こえてくるのです。そして，時折笑い声も。こちらは教師が話していて，終始，沈黙ですから，その声が大変よく聞こえてくるのです。

今，振り返ってみて考えることは，「保護者の満足感が圧倒的に違う」ということです。

成功のポイント **保護者が満足する学年・学級懇談会**

　お仕事をお休みしてまで参加されているかもしれない保護者の方に対して，学年だよりを読み上げるだけという懇談会は，少し残念な気がします。「読めばわかるじゃん！」と突っ込む声が聞こえてきそうです。せっかく，顔を合わせて，互いの声を聞き合えるのですから，保護者の方にもっとたくさん参加していただけばよいのです。

　私は毎回，最初におしゃべりの時間を設定します。これだけで雰囲気が激変します。しゃべりやすい，和やかなムードに生まれ変わります。その後は，子どもたちの様子をスライドショーで見ていただきます。登場する子どもが極端に偏ることがないように配慮します。また，子どもたちの笑顔の写真を多く採用し，BGMをつけて流します。

① お近くのペアで
　"おしゃべりタイム"
② 最近の様子スライドショー
③ 行事の詳細説明やお願い
④ 複数人で"相談タイム"
⑤ 担任の話

懇談会の例

　最後は学級経営を中心として，担任が考えていることをプレゼンテーションソフトを活用してお話します。ちょっとお茶目な画像やオヤジギャグを入れながら，楽しく聞いていただけるようにしています。

　参加された保護者の方々が「来てよかった」と思うためには，まず参加していただくことが何よりも重要なのだと思います。

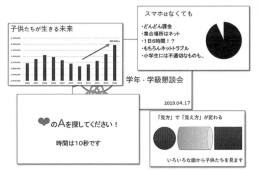

担任の話にもユーモアを入れて，笑いある懇談に

これで突破！
- 保護者の参加率は，満足感に比例する
- 資料では得られない，この場だけの情報は参加意欲を高める

いっぱいの"コラッ！"

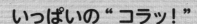

　まったくの余談ですが，担任する自分の学級で，級外や専科の先生が授業することを，新潟県では"入教"と言います。そんな入教の際，子どもたちの様子は担任が授業をしているときと変わりないでしょうか。

　若い頃，この問題に悩まされました。担任が授業をするときは落ち着いて取り組むのですが，先生が替わると子どもたちが騒ぐのです。すると授業後や放課後に「先生のクラスは，落ち着きがないね」「○○さんと□□さんがふざけていて授業が進まない」といった，いわゆる苦情を受けるのです。そんなとき私は「すみません」と言いながらも，"授業がつまらないからでしょ。""ぼくの授業ではちゃんとやっているし，先生の力がないからですよ。"と心の中でつぶやくのでした。全くひどいもんです。

　これが間違いでした。子どもは単に「この先生は，ここまでやっても叱らない」「これは叱られるかな？」と値踏みをしているだけなのです。４月から築いてきた子どもとの関係も，つくってきたクラスの雰囲気も，私が発揮する強い強制力の下に，子どもたちが"言うことを聞いていた"だけだったのです。担任以外の授業でのちょっとした荒れは，担任の支配から解放された，ホッとする時間だったのです。

　「これはダメ」「なにしているの」「まだ足りない」と，いっぱいの"コラッ！"で子どもたちを管理していませんか。なんとなくクラスの形ができてきたこの時期に，子どもへの言葉がけを今一度振り返ってみませんか。そして「いいね」「やるなぁ」「大したもんだぁ」と，いっぱいの"そーだ"で実りある秋を迎えたいものです。

「魔の11月」は
やり方次第で
「魅惑の11月」になる

11～12月

1　行事もなく，何をすればよいのか迷ったら

**大きな行事が終わった後は，教師も子どもも気が抜けがち。
そんなとき何をする？**

困った場面

Q 音楽会などの大きな行事に一生懸命取り組んだ反動もあるのでしょうか，毎年11月はクラスが不安定になります。クラス全員で取り組む大きな学校行事もありませんし，どうすればよいですか。

A なぜ11月はクラスが不安定になるのでしょうか。不安定にならないクラスもありますから，正しくは「不安定になりやすい」のでしょう。

質問にもあった通り，大きな行事を終えて気が抜けたのかもしれません。"荒れ"まではいかないかもしれませんが，目標もなく浮ついた状態が考えられます。

もう一点は，行事の成功に向けて一致団結して努力していたと思っていたのは教師だけで，その陰で実はストレスを感じ，苦しんでいた子どもがいたかもしれません。例えば音楽会という行事は，音楽が苦手な子どもにとってどうでしょう？　もし，実行委員の一声で休み時間も練習が行われ，苦手で苦しんでいるのに練習中は「もっとこうして」と言われ続けたら，一層苦しくないでしょうか。

担任として，何よりもまずクラスの状態を把握すべきです。大きな行事でストレスを抱えた子がいないか，よく見ます。いたとすれば，軽減されるように対処します。その上で，何かクラスとして新たな目標が必要だと感じれば，日常の生活の中から新たな"子どもたちが燃える活動"をつくり出してみましょう。

成功のポイント 🖊　**行事もなく，何をすればよいのか迷ったら**

　何気なく過ごしていると目の前のよい素材を見過ごしてしまいます。学校行事はなくとも，毎日の学級生活の至るところに宝物が隠されています。

　放課後，教室の黒板にホワイトボードを貼りました。「給食　自由席です！」と書かれています。翌朝，登校した子どもたちは，ざわついています。

朝の会で，「このクラスも，かなり成長しているし，みんなだったら，上手にできると思うんだよねぇ。でも，無理してやる必要もないから……」と話していると，子どもたちから即，「やるやる！」と返答。かくして，1週間後の給食自由席に向けて話し合いが始まりました。

たったこれだけで
子どもたちは燃えます

　学級委員を中心に，休み時間になると話し合います。はじめは，シンプルにじゃんけんで決めるのが公平だという意見が出されます。ですが，様々な意見が出され，紆余曲折を経て最終的には，"お楽しみ座席抽選"ということになりました。その後，このクラスでは学年が終わるまで，"毎月，5のつく日は給食自由席デー"というどこかのスーパーのようなキャッチフレーズときまりが出来上がりました。他にも，「係で集まって給食を食べながら係の相談がしたいです！」と子どもたちからの要望があり，毎週月曜日は"係給食の日"となりました。

　子どもたちの自主性やクラスの集団性を高める取組は，なにも学校行事ばかりではありません。日常の何気なく行っている活動こそ，子どもたちにとって，何よりも燃える活動なのかもしれません。

✋**これで突破！**

- 与えられる行事に頼りすぎず，日常の出来事を行事化する
- クラスの日常をじっくり見つめ直してみよう

11〜12月

2 どこまで任せる!? 中学年

先生が手を出し，口を出すことは子どものためになっている？
先生が楽だからでは？

困った場面

Q 子どもたちの様子を見ていると「もっとこうすればいいのに……」「そこは，そうじゃなくて……」と思う場面が多々あります。でも子どもたちは一生懸命取り組んでいます。一体どこまで子どもたちに任せてよいのでしょうか。

A 私の専門は特別活動です。少しお堅い話になりますが，小学校学習指導要領解説の特別活動編には，学級活動における子どもたちの自発的，自治的な活動を中心として学級経営の充実を図ることが述べられています*。つまり，教師が「あれして，これして」と指示を出したり，中心となってまとめたりする段階から，子どもたち自身の力で学級生活をつくっていく，一歩先の段階へ行きなさいと述べているのです。

先生のリーダーシップがあれば，ある程度のまとまったクラスをつくることができます。ですが，それは紛れもない「先生の力でまとまったクラス」です。ですから，担任が替われば子どもたちは，ほぼスタートの状態に戻ってしまいます。もちろん「自治」ではなく「自治的」ですから，部分的には教師がリードすることも必要だとは思います。ですが子どもが自分たちの力で活動するからこそ，子どもたちに力がつきます。これだけ"主体的"といわれる昨今ですから，子どもを信じて，任せるべきところは，どんどんと任せてみましょう。

〔**参考文献**〕文部科学省『小学校学習指導要領解説 特別活動編』2017

成功のポイント どこまで任せる!? 中学年

子どもたちに任せるためには，

> 顔はニコニコ，心はぐっと我慢する

ことが大切です。踊ることが大好きな子がクラスにいました。ダンスを習っているというわけではないのですが，休み時間になると流行の曲を流して汗だくになるまで踊っていました。その楽しそうな姿を見て，一緒に踊る子がどんどん増えていった結果，毎日の朝の会でダンスを踊ることになりました。

曲は定期的に替わり，子どもたちのダンスもみるみる上達していきました。そんなある日，「振り付けを自分たちで考えたい」と言い出しました。振り付けを考えたい子が多く，困った状態になりました。折衷案を出して，「曲をパートに分けて，担当者を決めよう」と提案する子もいたのですが，「曲全体の統一感がない」とこだわる子もいました。

口出ししようか考えました。ですが，もともと子どもたちが楽しくて始めたダンスであること，この後どんな結論を出すのか見てみたいことから，見守ることにしました。笑顔を心がけながらも，内心はハラハラしていました。話し合いは昼休みに何日も行われ，出された結論は「曲ごとに振り付け担当を決める」というものでした。何か月待ちの人

気料理店のように，数か月先まで曲と振り付け担当が決まっている状態になりました。子どもたちの表情は満足気。毎朝のダンスをみんなで楽しみました。意味は全く不明ですが，あるときにはお面をつけて踊る"強者"まで登場し，ダンスを盛り上げました。

お面で踊る謎の強者

これで突破!
- 子どもに任せるには覚悟と我慢が必要
- 子どもたちは思っている以上に解決する力がある

3 朝はゴールデンタイム？

朝の時間をどのように活用すると、ゴールデンタイムと言えるのか

困った場面

Q 毎朝、教室で子どもたちを迎えるようにしています。ですが隣の教室の先生は、朝の会が始まる直前に来ています。朝の会に遅れて教室に来ることもあるようです。なのに子どもたちも笑顔で、クラスに活気が溢れています。

A 若い頃、「学級担任は朝が勝負」と教わりました。朝真っ先に教室に行き、窓を開け、新鮮な空気を入れます。電気をつけ、教室を明るくします。机や椅子がきちんとなっているかチェックし、教室環境を整えます。しばらくすると、一番早く登校してくる子がいます。そういう子に声をかけたり、たわいもない話をしたりしながらコミュニケーションをとります。複数になると、自然に教師の周りに集まってきます。教師が何も言わなくても、子どもは自分のことや家庭のことなどを話してくれます。これが貴重な情報源になります。

別の先生からも「朝が勝負」と教わりました。しかし、中身は先ほどとは真逆。朝は、子どもよりも後に、遅れて教室に入るという話でした。2人の先輩教師は、いずれも「朝はゴールデンタイムだ」と教えてくださったのに、全く違うことを言っています。当時の私には訳がわかりませんでした。「遅れて教室に入る」という真意も理解できず、「少し冷たい先生だ」とさえ思っていました。

今になって、ようやく正解がわかりました。正解は……
「どちらも」です。

成功のポイント 　朝はゴールデンタイム？

　「朝早く」と「遅れて」の矛盾している２つが，どちらも正解とはどういうことでしょう。やはり「なぜ，そうするのか？」を考える必要があります。

　冒頭でもあった通り，朝早く教室へ行くのは，子どもたちとコミュニケーションをとるためです。会話や表情から様々な情報が得られますし，子どもとの関係を築くこともできます。一方，遅れて教室へ行くのはなぜでしょう。「朝は職員室で学年の打ち合わせがあるから……」「授業で使うプリントを印刷したいから」といった教師都合ではなく，子どもたちだけで朝の支度を済ませ，朝の会を進めてもらいたいのではないでしょうか。子どもたちとのコミュニケーションは朝とは別の時間にとっているはずです。つまり，教師がどのように考えているのかによって，とり得る行動も変わるということです。

　11月という時期を考えたら，半年以上を同じ仲間で過ごし，学級としてもある程度の成長があるはずですから，子どもたちに任せる割合を増やします。ですから，学級担任が遅れて教室に入ってきたとしても，自分たちで朝の時間を過ごせるようになってほしいと願うのも当然と言えます。

　朝の時間だけの話ではありません。日常生活のあらゆる場面で，教師の教育的行為が４月と11月で変わることはごく普通です。子どもたちやクラスの状態が成長したり変化したりするのですから，それに合わせて教師も変化していかなければなりません。そして，その変化は，「子どもたちに任せる部分を増やしていく」ことを前提にするとよいかもしれません。

任せる部分を増やす

これで突破！

- 教師の教育的行為の背景には，「思い」や「願い」がある
- 子どもたちの変化によって，教師の行為も変化する

4 子どもがいきいきと過ごす教室環境にするには

コンビニのトイレで見かける「いつもきれいに使って
いただき……」は，なぜあのような表現？

困った場面

Q 教室にクラスの集合写真が掲示してあります。行事の度に撮影して掲示しているのですが，先日，特定の子にキズがつけられていました。幸いにも放課後でしたので，新しいものに貼り換えましたが，クラスでいじめが起きていないか心配です。

A 下の写真は，いじめを生み出すまいと掲示物でも子どもたちに訴えかけた熱心な教師の掲示物です。

教室の掲示物からもクラスの状態を見取ろうとする姿勢は，学級担任として立派です。ですが，「無くそう！暴力」や「めざそう いじめのないクラス」と書いてしまう

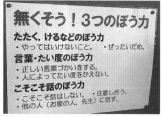

掲示物で気になることがありますか？

と，「ん⁉　このクラスには暴力やいじめがあるのかな？」と思わざるを得ません。かつて，コンビニのトイレには「ガムや紙くずを捨てないでください」と掲示されていました。現在は「いつもきれいに使っていただきありがとうございます」とプラス表現に変わりました。同様のことが教室掲示にも言えそうです。クラスの子どもたちも毎日のように，この掲示物を見ながら教室で過ごすことになってしまいます。教室環境がクラスにとってマイナスに働かないように気を付けたいものです。

成功のポイント 子どもがいきいきと過ごす教室環境にするには

教室掲示にも大きな役割と見落としがちな視点があります。

---

①いつまでも同じものが掲示されていないか。

②子どもたちの学びの足跡となっているか。

③掲示物がクラスの雰囲気を悪化させていないか。

　11月だというのに，9月に書いた"2学期のめあて"が掲示されているのは問題ですよね。加えて，そのめあては定期的に振り返りが行われ，具体的な改善策を考える時間が子どもたちに与えられているでしょうか。クラスの成長に合わせて掲示物もタイムリーなものが望ましいと考えます。

　また，学びの足跡というと，すぐに「分数の計算方法」や「物語を読むときのポイント」など，教科の学習についてイメージする方もいるかもしれません。私はそこに，人間関係や集団でのマナーなどに関する非認知的能力についても掲示します。教科学習に限らず，クラスという小集団で社会性を身に付けようとしている子どもたちですから，掲示物も教科に関するものばかりというバランスを改めたいのです。

理想や目標をプラスのイメージで掲示

　教室が子どもたちの生活する環境として適切かどうかを今一度点検してみましょう。

これで突破！

・子どもにとってプラスに働く掲示物を

・掲示物は時期と子どもに必要かどうかを考えて

・人間関係や集団に関することも積極的に掲示していく

11〜12月

5 子どもに意欲がないと感じたら②

子どもからアイディアが出てこないなら，
出させてみせようホトトギス

困った場面

Q 子どものつぶやきが活動になると言いますが，そもそも子ども に意欲がないのでつぶやきません。アイディアが出てきません。

A 国語や算数でも同様のケースがあります。子どもたちの未習事項に対 して，「子どもたち自ら気付くまで待つ」といっても，時間だけが過 ぎていきます。分数を分数で割ることの意味や本質は，子どもだけで理解す るのが難しいものです。ですから教師が教えるべき内容は教え，その後，考 えさせるのです。

　学級経営の場合も似ています。教師が「こんな活動したら盛り上がると思 うなぁ」「この活動で子どもたちを成長させたいな」と思うことがあるはず です。学級経営という物語には，筋書きのないドラマが待ち受けていること を承知で，教師はあえて筋を書いています。活動も，ひたすら子どもから出 てくることを待っていては，あまりに受け身です。そもそも，低学年の段階 で，自主的で，自治的な活動をあまり経験していない子どもたちには，少し レベルが高いことです。

　だからといって，「次はこの活動をしてみます」と教師が決めつけては， あまりに強引です。そこで，「教師がやってほしいなと思う活動」が，さも 子どもたちから出てきた活動かのようにする方法があります。

成功のポイント　子どもに意欲がないと感じたら②

技術や配慮は一切なし。簡単で，とっておきの方法です。

さりげなくモノを置いておく。

目の前に何か落ちていたら気になりませんか？　お金ならば拾おうか迷いませんか？　同じように，教室にモノを置くのです。例えば，100円ショップのおもちゃのトロフィーを置いたら，「先生，どうしたの？」と子どもたちは聞きます。「ん？　あぁ，前に担任したクラスで使ったのさ」と答えます。すると「何か大会とかやりたい」と言って，盛り上がる姿が想像できます。

カゴと網を置けば，虫捕りに行きたくなりますし，フォトフレームを置けば写真を入れたくなります。教師から「○○しない？」とは投げかけませんが，自然と子どもたちから意見が出るのです。

写真のようなDVDをさりげなく置いたこともありました。昨日までなかった物が教室に置かれているのですから，子どもはすぐに気付きます。そして「先生，これ何？」と聞いてきたら，しめたもの。

DVDをさりげなく置いておくと…

「前のクラスでね，自己紹介や出し物を撮影して，DVDにしたんだよ」と答えれば，「ぼくたちもやりたーい！」となります。その日の給食や休み時間は，"どんな映像を撮影するのか"の話題で持ちきりとなりました。

これで突破！

- "さりげなく"モノを置くだけで，子どもの思考が刺激される
- 教師のやらせたいことが子どものやりたいこととイコールになる

11～12月

1 楽しいだけでは学ばない

子どもは楽しいことは，自ら行動しようとする。
意欲的な見た目に騙されてはいけない

困った場面

Q お楽しみ会を計画しています。会の当日は，子どもたちも大変喜んで活動するのですが，毎回，役割分担が上手くいかずにトラブルが起きます。「前回のお楽しみ会もそうだったのに……」と思ってしまいます。経験が次の活動に生かされていないように感じます。

A 子どもたちがイベントを企画して，楽しむだけで終わっているのは，"お楽しみ会"をご褒美にしているからです。「〇〇が達成されたら，お楽しみ会ね」という具合です。本来は，活動に向けて子どもたちが，自ら創意工夫を凝らし，仲間と話し合って準備を進めていく，れっきとした学びなのです。その意識が教師にあるでしょうか。

その意識がないために，活動が終わると子どもたちは「あぁ楽しかった」「賞がもらえてうれしかった」「盛り上がってよかった」で止まってしまうのです。「活動あって学びなし」の状態です。

学習指導要領を見ても，お楽しみ会をはじめとするイベントは学習です。

①問題の発見　②話し合い　③解決方法の決定　④実践　⑤振り返り

というサイクルを回すことが大切です。特に，⑤の振り返りを行うことこそが，楽しいだけで終わらせないための最重要ポイントと言えます。振り返りを充実させることで，楽しいイベントの中から子どもたちが学びを見つけ，成長を自覚するようになると思います。

成功のポイント 楽しいだけでは学ばない

大切なのでもう一度確認します。

①問題の発見　②話し合い　③解決方法の決定　④実践　⑤振り返り

上記の学習過程を意識して活動を行います。多くの活動は④が極端に大きくなったり，研究授業では②だけが大きくなったりします。そこで，⑤を意識的に大きくするのです。

振り返りは，子どもたちに文章で書いてもらいます。

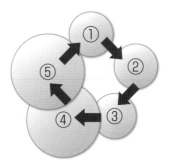

自然と大きくなる
④⑤の充実が成功のカギ

「今回の活動でクラスはもっと仲良くなれたか」

「具体的にどんな場面で，それが見られたか」

「仲良くなるためにどんなことをがんばったか」

「仲良くなるためにがんばっていた仲間は誰か」

といった視点で，詳しく振り返ります。まずは，自分の学びを自分で振り返るという自己評価を大切にします。

併せて次のような振り返りも積極的に取り入れます。

・目的達成のためにがんばっていた仲間を紹介し合う《相互評価》

・子どもたちが気付いていない，ぜひ学級で紹介したい《教師評価》

自分の目で見たことや感じたことを振り返り，仲間と互いに振り返りを交流し，さらに教師からの評価で活動を価値づけてもらうという三層構造です。言うまでもなく，振り返りはポジティブな評価を多くし，見つけた課題は次の活動へとつなげていきます。

これで突破！

・活動に向けた話し合いと活動後の振り返りもセットにして一つの学習

・「自分」「仲間」「教師」の評価でボリュームのある振り返りを

11〜12月

2 欠席が増えてきたら

活動そのものではなく，何がポイントか考えながら

― **困った場面** ―

Q 寒くなってきて，体調を崩して欠席する子が増えてきました。子どもたちが休み時間にかかわることも多く，風邪が拡がらないか心配です。

A こまめな換気と十分な加湿。うがい・手洗い，マスクの着用を心がけましょう……と言うつもりはありません（笑），もちろん大切なことですので対策はしますが。

　欠席が増えてきた状況を学級経営の視点で見てみます。欠席者が出たときにクラスが試されます。成長が問われます。例えば，

　　・欠席者分のおたよりを何も言わずとも，近くの子が引き出しに入れているか？

　　・ペアで学習する際，隣が欠席して１人になっている子が自然と前後のペアに参加しているか？（前後のペアが声をかけて入れている）

　　・欠席者の当番活動を誰かが何も言わずに代行しているか？

　自己中心的な考え方をすることが多い中学年に，どれほど仲間に対する相手意識やクラスに対する集団意識が育まれているかが見える機会です。もし，欠席者の代わりに仕事をしてくれている子を教師が見ていたならば，大いにほめるチャンスです。そうやって教室の空気や文化は育まれていくものです。

成功のポイント 欠席が増えてきたら

　私は絵を描くことが好きで，欠席した子に届けてもらう封筒によく絵を描きます。決して上手くはありませんが，絵を描いていると私自身もちょっとしたストレス発散になるのです。子どもたちの中には，「先生，もし私が休んだら，○○の絵を描いてね」とリクエストする子がいたり，「オレ，休もうかなぁ」と笑顔で，半分本気でつぶやく子もいたりします。それでも，体調不良で家で静養している子どもたちの多くは，私の拙い絵を楽しみにしてくれるようです。

 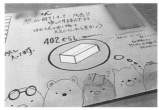 

　そんなときに，「私も，メッセージ書いていい？」と話す女の子がいました。「ありがとう。ぜひお願いします。先生よりも，みんなからのメッセージの方がきっと元気が出るね」と言ってお願いしました。その様子を見ていた他の子たちも「私も書きたい」と言うので，封筒を壁面にマグネットで貼り，帰るまでにメッセージを書ける人は書くということにしました。欠席して封筒をもらったことがある子は，もらってうれしかった経験があるので，率先してメッセージを書くようになります。決して強制ではありませんが，ほとんどの子どもたちがメッセージを書き込んでくれました。

欠席封筒にも
クラスの温かさが表れる

11
〜
12
月

これで突破！

- 何気ない出来事にも子どもの優しさ，クラスの温かさが表れる
- 教師の仕事も子どもたちの活動に変化することがある

3

行事は子どもたちでつくり上げる

意欲的に参加していない子どもの姿を見て，必要以上に叱ったり，
無理やり参加させたりしていないか？

困った場面

Q 学校行事を行うと，どうしても子どもたちに温度差が生じます。
当たり前ですが，得意な子の意欲は高く，苦手意識のある子は
やる気が出ません。

A かつて，運動会の徒競走で「順位をつけるのは走ることが苦手な子が
かわいそう」という主張が拡がったことがあります。その結果，ゴー
ル直前になって，同組の子どもたちが横並びで手をつないでゴールするとい
う学校まで出たという話を聞きました。詳しい経緯を理解しているわけでは
ないので，これ以上何も言えないのですが，勉強の得意・苦手や楽器演奏の
得意・苦手はどうするのでしょうか。

シビアに順位がつくこと自体が問題なのではなく，順位のつけ方や理解が
不十分なまま実施していることが問題なのではないでしょうか。競い合って，
勝った／負けたがあることで子どもの力が伸びることは大いにあると思って
います。

前置きが長くなりましたが，子どもたちにある程度の温度差が生じるのは
当然のことと受け止めます。大切なことは，温度差を緩和させるために行事
そのものの形を変えようとするのではなく，子どもたちへのアプローチによ
って温度差を緩和していくことなのではないでしょうか。

成功のポイント 行事は子どもたちでつくり上げる

　この時期，多くの学校で行われる音楽会を例に考えてみます。音楽に得意意識があって，意欲の高い子どもたちを想像してみてください。おそらく，ピアノ伴奏や打楽器，金管楽器などの特別楽器の担当に選ばれ，実行委員として活躍するのではないですか？　一方で，苦手意識をもっている子は，歌う際の表情もイマイチで，楽器の指遣いもなかなか覚えられないのではないでしょうか。

　ここで問います。なぜ，ピアノ伴奏，特別楽器，実行委員だけが活躍するのでしょうか。もっと他にも役割があれば，みんなが得意を生かして，音楽会に向けて意欲的に取り組める可能性があるのではないでしょうか。子どもたちが自分たちで行事をつくり上げる力があると判断したならば，どんどん任せればよいと思っています。

- ・音楽会本番にみんながポケットに忍ばせる「お守り」作成係
- ・練習前に出てきて笑いで雰囲気をつくる「盛り上げ」係
- ・音楽会まであと〇日……「カウントダウン」係
- ・実行委員にサプライズを「こっそりメッセージ色紙」準備係

　音楽会を歌唱力や楽器の演奏力の育成だと考えるから，苦手な子が苦しいのです。もちろんメインはそこですから，逃げずに苦手なことにも取り組めるようにします。一方で，音楽以外の役割をつくってあげれば，どの子も意欲的になるのではないでしょうか。

開くとメッセージが
書かれています

これで突破！

- ・行事に対する温度差は，あるのが当然と心得る
- ・すべての子どもたちにやりがいのある役割を考える

1

1分たりともムダにしない
個別懇談

もし，あなたが保護者として来校して懇談をするならば，
どのような懇談がよい？

困った場面

Q 個別懇談があります。1人10分程度で，できるだけ子どもたちのがんばりをお伝えしようと思っていますが，あっという間に時間が来ます。教師にとっても，来校する保護者の方にとっても有意義な個別懇談会にしたいです。

A 「子どもたちの成長やがんばりを多く伝える」ことや「学習に偏りすぎず，友だち関係や学級での様子も伝える」など，個別懇談について基本的なことを理解している前提で，話を進めます。続いて，基本的ではありますがチェックリストのつもりで，確認をしてみてください。

□ 対面は意外と話しづらいので，座席の配置はL字型

□ 椅子を引いて，保護者をエスコート＆座席脇に荷物置き場を用意

□ 教室の掛け時計は教師正面
　（懇談中にチラチラ腕時計を見るのはNG）

□ 暖房の風が直接当たらず，かつ暖かい場所に席を設置

□ 一緒に来校した弟妹のための小道具セットを用意
　　・絵本　　・折り紙　　・お絵かき道具　　・机椅子

さて，個別懇談で保護者の方とお話する機会は，教師にとっても貴重な時間です。学校での様子をお伝えすることはもちろんですが，保護者の方が我が子に対してどのように考え，どのような願いをもっているのかを聞くこともできます。時間を最大限，有効に使いたいものです。

成功のポイント 1分たりともムダにしない個別懇談

　設定時間を20分，30分に延長することはできませんから，与えられた時間をいかに活用するかがポイントです。そこで，来校して懇談が始まるまでの待ち時間も活用してはいかがでしょう。待合室や廊下で，ただ待たせてしまうのは，もったいない。待ち時間にも子どもたちの活躍やクラスの様子をお伝えするのです。

スライドショー＆ムービー

　最近のクラスの様子をスライドショーに。学校行事やクラスのイベントの様子，音読発表会などの学習の様子でも構いません。とにかく子どもたちがいきいきと楽しそうに活動している様子を連続再生します（クラスの全保護者の方が観ることを前提に，すべての子どもたちが映像に登場するような配慮が必要です）。

フォトアルバム

　1週間に5枚程度，クラスの様子の写真を印刷して教室に掲示しています。毎週貼り換えるので，掲示からはがしたものはファイリングしてためていきます。懇談会の行われる時期には数百枚のクラスオリジナルフォトアルバムが完成しています。4月からの様子を振り返りながら，懇談の時間まで待っていただきます。

　保護者の方は時間に都合をつけて，仕事をやりくりして来ていただいています。中には「何を言われるか心配だわ」なんて不安な方もいらっしゃるかもしれません。笑顔とおもてなしの心でお迎えしたいものです。

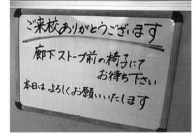

高級旅館的⁉おもてなしを

11〜12月

これで突破！

・待ち時間から懇談が始まっているという気持ちで

・言葉では伝えきれないこともたくさん。写真や映像も駆使して

2 学級だよりで正直に伝える

> 保護者の方は，少し心配な出来事を
> 我が子から知らされる方が不安になる？

困った場面

Q クラスでちょっとしたトラブルが起きました。多くの子どもたちがかかわっていることですし，子どもからお家の方へ「今日，こんなことがあったよ」と話が伝わることも予想されます。おたよりでお伝えすべきでしょうか。伝えることで苦情が来ないか心配です。

A 保護者は，我が子が学校でどんな学びをして，教室でどんなことが起きているのか気になります。学校での様子を知りたいのです。なぜなら，保護者に入ってくる情報は，どれも十分とは言えないからです。

・たまの学習参観

　「うちの子，手も挙げないし，勉強わかっているのかしら」

・我が子からのお悩み相談

　「ママ〜。今日，学校でねぇ，○○ちゃんと言い合いになっちゃって……」

・クラスのママ友から来る SNS 情報

　「今日，クラスでこんなことあったらしいわよ。知ってる？」

　ですから，学級だよりでクラスの成長や個人のがんばりなどをどんどん紹介します。トラブルなども個人名を挙げることは避けますが，正直に伝えることもあります。それが逆に信頼感を得ることもあるからです。成長途中の中学年の子どもにあって，すべてが順風満帆というわけにはいきません。いろんな波を乗り越えてこその成長です。正直で真摯な教師の姿にこそ，保護者の方は共感してくださるのではないでしょうか。

成功のポイント 学級だよりで教師の考えを伝える

実際のおたよりに書いた文章をそのまま紹介します。

　それは突然やってきました。ある子が鉛筆を削ろうとしたとき，教室に置いてある鉛筆削りが動かなくなっていたのです。直していると，中から"あるはずのないもの"が出てきました。鉛筆の上に付いている消しゴムと金属です。子どもたちに聞いてみたのですが，誰も名乗り出ません。消しゴムや金属を差し込んでいるわけですから，気付かないということはありません。ましてや鉛筆削りは詰まって，空回りしている状態で壊れていたので，鉛筆を入れた本人は気付いているはずです。

　鉛筆を差し込んだ本人からしてみれば，ほんの遊び心，いたずらのつもりだったのかもしれません。学級だよりでわざわざお伝えするような事態ではないでしょう。畠山が何より許せないのは，やってしまったことを正直に名乗り出ず，黙っていることです。この２年間，国語や算数の勉強に勝るとも劣らないほど，子どもたちと心の勉強を一生懸命してきたつもりです。今回の出来事で，私たちは一体何を学んできたのかと思うと，悔しくてなりません。

　もし，家に帰って一人になったならば，どうするべきなのかをじっくりと考えてほしいのです。そして，このおたよりを見て「正直に名乗り出よう」という気持ちが少しでも起きたなら，こっそり言いに来てほしいと思っています。また，誰がやってしまったのかを知っているのならば，その子に声をかけ，私のところへ言いに来れるように励ましてほしいのです。それこそが，ずっと大事にしてきた「チーム」であり，「支え合う仲間」の姿だと思うのです。どうか，どうか正直に名乗り出てほしいと思っています。こんなモヤモヤのままお別れするのは，あまりにも寂しいじゃありませんか。このままじゃ，ハッピーエンドで終われない。

その後，名乗り出てくれてハッピーエンドになったことも学級だよりで紹介しました。学級だよりは教師の考えを伝え，保護者とつながる貴重なツールです。

これで突破！

・学級だよりで正直に伝えると，保護者も安心。教師と保護者で強力タッグを組むことができる

11
〜
12
月

コラム④ 表と裏を見る

　運動会や音楽会，文化祭や学習発表会などの大きな学校行事が数多く行われるのが2学期です。子どもたちの中から実行委員や代表を選び，その子たちを中心に練習が進められ，個々の自主性と集団としての一体感を高めていきます。このように学校には，行事を活用して子どもや集団を成長させるという"よき伝統"が存在します。ですが一方で，マイナスの面を目の当たりにした経験はないでしょうか。練習が立て込んでくると，児童用トイレの使用が乱雑になったり，子ども同士のトラブルが絶えなくなったりといった，行事にストレスを感じている子どもたちです。

　私たちは陽の目を浴びる表舞台に注目しがちです。立派に応援団長を務める姿。オーディションに合格し，華麗にピアノを演奏する姿。実は，その裏で，応援練習の度に「もっと大きな声で！」と注意される控えめなあの子のことや，合奏練習で「来週までに演奏できるようにしてきなさい」と責められる音楽が苦手なあの子のことは，あまり考えません。そればかりか，「いつも代表に立候補する子が決まっていて困る」「他にリーダーがいなくて……やる気のない子ばっかりだし」とさえ思ってしまいます。

　物事には表と裏があります。表が大きくて輝くものであるほど，その裏の陰も大きいのです。その陰で苦しんでいる子がいることを決して忘れてはいけません。サーチライトで，どの子にも輝ける"表舞台"を提供し，スポットライトで一人一人を照らしてあげることこそが，教育であるはずです。一部の人しか輝けない，特定の子だけが活躍する，そんな学校行事の積み重ねが，クラスの序列，カーストを助長するのではないでしょうか。

ついに
学級の物語完結！

1〜3月

1 変化のチャンスに期待を注ぐ

**一富士二鷹三茄子
……新年を迎えての子どもたちとの再会をどうする？**

困った場面

Q 新年を迎えて、今年度も残り3か月。1週間後には冬休みも終わり、子どもたちが登校してきます。学校生活の再開に際して気を付けることはあるでしょうか？

A 4月に新年度を迎える学校教育で、残り3か月は引き続き現在の学年であっても、やはり「新年」。1月は、大きな変化を実感する時期です。初日の出、神社へ参拝、書き初め……人は新しい年を迎えると、「こんな年にしたい」「今年こそは」と心機一転するものです。そんなときは気持ちも前向きで、過去の失敗や、よくない出来事を払拭しようと努力します。つまり、心のコップが上向きで、周りからの意見やアドバイスも受け取りやすい状態です。

特に学校は、そうした節目となるものが多く存在します。学期の変わり目、長期休業（夏休み、冬休みなど）、学校行事などが、それにあたります。こういった節目を上手く使える先生は、学級経営も上手いなぁと感じることが多いです（エビデンスはありませんが）。節目を迎える度に子どもたちと新たな目標を共有し、やる気を高めていく。上手くいっても、そうでなくとも終わった行事は過去のものとして、次へと切り替える。子どもたちを退屈させない、よい意味で子どもたちがぼんやりしている暇がないのです。

この時期は、子どもたちの大きな変化が期待できるチャンスです。そんなワクワク感をもって教師も新年を迎えたいものです。

成功のポイント　　変化のチャンスに期待を注ぐ

　夏休み明けにも教室黒板に絵やメッセージを書く（描く）ことが多いのですが，違いを意識して使い分けています。どちらかといえば，夏休み明けは少し憂鬱な気持ちをパッと明るくすることに意識を置くことが多いのですが，冬休み明けの黒板メッセージは，

　①残り3か月の見通しをはっきりともってもらうこと

　　「こんな行事があるよ。このメンバーで過ごす時間は3か月しかないよ」

　②なりたい自分をイメージすること

　　「何をがんばろうと思っている？」「達成された姿をイメージしてみて」

この2点を大切にします。

　もちろん，黒板のメッセージだけで完結しません。折に触れて，「なれるよ」「大丈夫」と期待を込めて声がけをします。教師が期待すると子どもがそれに応えようとするピグマリオン効果の実際のところはさておき，子どものがんばろうとする意欲を大切にして，応援してあげられる教師でありたいものです。

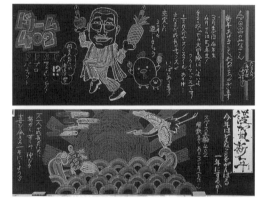

見通しと期待をセットで

　ただし，「新しい年だ。今年こそは！」の気持ちには，賞味期限があります。この新鮮な気持ちは，いつまでも続きません。また，教師の過度な期待は子どもたちを無理にがんばらせたり，追い込んでしまったりする危険もありますのでご注意を。

これで突破！

・残り3か月のこの時期は，ゴールが見えてくるので意識しやすい

・4月から学年が上がることを理解して，意欲ある子どもに期待を注ぐ

1〜3月

2 ▸ やがて子どもは次の学年へ

子どもは教師の手を離れてゆく

担任として共に過ごしたときだけが“担任”なのではなく，
手を離れても，ずっと担任

困った場面

Q 年度末が近づいてきました。学習もクラスも“まとめ”の時期
ですが，どのように 1 年間を締めくくればよいのでしょうか？

A 私たち教師が，最も考えなければならないことは，

この 1 年間を，いかに上手く次の 1 年間につなげるか

ということに尽きます。教師の立場からすると，子どもたちとは「1 年間の
お付き合い」で単年勝負。次の年には別の子どもたちとの 1 年間がスタート
します。ですが，子どもたち自身の学校生活はずっと続いていくのです。
「私が担任した 1 年間は終わります。さようなら」では，寂しいではありま
せんか。子どもたちが自分の手を離れても，ずっと幸せでいてほしいと願う
のが担任です。ならば，この 1 年間を次の 1 年間につなげることを意識すべ
きです。

　3 年生ならば，次の年からはクラブ活動へ参加します。どのようなクラブ
があって，どんな活動をするのかを 3 年生のうちから知っておいた方が，4
年生になってからの学校生活をスムーズに送ることができるはずです。しか
も，4 年生になって始まるクラブ活動をワクワクしながら，心待ちにする子
もいることでしょう。

　次の学年の活動を具体的にイメージさせてあげることが，次の学年へとつ
なぐポイントとなりそうです。

成功のポイント 🖉 **やがて子どもは次の学年へ**

　具体的な活動をイメージする際には，実際にやってみるという「お試し」が大切です。いくら，教師から「5年生になると委員会活動が始まるよ。今度は高学年だから，全校のために活動するんだよ」と言われても，やったこともありませんから，その楽しさや大変さなどは実感できません。

　5・6年生が宿泊教室で2日間，学校を留守にすることがありました。子どもたちには，「来週，2日間だけ5・6年生がいません。つまり，みんなが最高学年です」と話すと，子どもたちからは「出発当日に，“いってらっしゃい”のメッセージを贈りたい」と声が上がります。完成したメッセージは5・6年生からも好評で，子どもたちも満足気です。

見送りメッセージ

　5・6年生を見送ったその日の給食中，ある子がつぶやきます。

　「今日，お昼の放送なかなか始まらないね」

　子どもたちはハッとして，昼の放送を高学年の放送委員会がしてくれていることに気付きます。そして，「明日は私たちが代わりに放送をやってみたい」と言いました。自分たちで放送原稿を用意して，食事中に流す曲も相談します。当日は，カンペキとまではいきませんが，委員会の仕事を体験してみて，「楽しかった」と満足気。5年生で始まる委員会活動を強く意識することができました。

放送委員会の仕事を体験

🖐 **これで突破！**

・実際に体験してみることで，次の学年が具体的にイメージできる

・一つ上の学年にインタビューしたり，授業を参観したりするのも OK

3

バッド・エンドでは終わらせない！

物語には，様々な結末があるが，
学級の物語だけは，必ず「ハッピーエンド」

困った場面

Q 学期末などに，お楽しみ会をしています。1年間の締めくくり
も楽しい気持ちで終わりたいと思っています。最後をどのよう
な形で締めくくればよいでしょうか。

A 当然ですが，「最後の最後までトラブルが絶えなかった……」や，「や
っと○年生が終わる。早くクラスが替わってほしい」と思わせないこ
とです。終わりよければすべてよしという言葉もありますが，1年間の締め
くくりは，ハッピーエンドにしたいものです。

ハッピーエンドと言っても，単にお楽しみ会をして笑顔で終わるというこ
とではありません。「この1年間で成長できた」「苦しいことや悔しいことも
あったけれど，すごく充実した1年だった」というハッピーエンドです。お
楽しみ会などをして，楽しい気持ちになることも大切ですが，加えて自分た
ちの成長や学んだことを自覚できるような“ハッピーエンド”を心がけます。

楽しさだけで終わってしまうと，「去年は楽しかった」「あの頃に戻りた
い」という思いにつながります。成長を自覚することは，「来年も成長する
ぞ」「次の年は，○○をがんばろう」という意欲へつながります。

決してバッド・エンドで1年間を終わらせてはいけないのです。

成功のポイント バッド・エンドでは終わらせない！

　学級経営は，目に見えない行為の連続です。同じように，子どもたちの成長も目に見える形で表れにくいものです。「仲間の気持ちを考えて行動できるようになったAさん」も「毎日欠かさず，自主学習に取り組むことができるBさん」も姿としては見えますが，数値にしたり，形として残したりすることはできません。

　ですから，子どもたちの1年間を"形"に残すのです。私は，1年間の終わりに，"免許証"を渡します。子どもたちが，この1年間を仲間とともに成長することができた証です。「自信をもって次の学年に上がってほしい」という気持ちで，一緒に生活をしてきた子どもたちへ感謝の気持ちを込めて作製します。

　免許証はとことんこだわります。中途半端なクオリティのものでは，子どもたちのがんばりまでもが中途半端と受け止められかねませんから。まるで本物と見間違うほどの質の高さです。

　この年は運転免許証そっくりに作製した"進級免許証"です。4年2組でしたので，「平成42年まで有効」。運転免許証では「眼鏡等」と入っている免許の条件は「リーダーシップ」

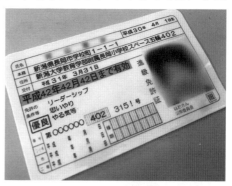

クオリティにこだわる進級免許証

と「思いやり」「やる気」にしました。卒業して，社会人になった教え子が，「先生，あの時の免許証，まだ持ってますよ」とか「財布に入れてて，この前間違えそうになりました（笑）」なんて教えてくれることもあります。

これで突破！
- 1年間のがんばりが形に残るものとして子どもたちへ
- どうしたら，子どもたちがハッピーだと思ってくれるかを考える

1〜3月

4

テストは評価のためじゃない

> 教師視点でテストを見れば「評価」。
> 子どもがテストをどう受け止めるかが大切

困った場面

Q 単元後のワークテストでは，比較的良い点数をとっていた子が，学年末のまとめテストや学力検査になると，すっかり忘れていて，思うような点数がとれません。振るわない結果を見る度に自信をなくしているようにも見えます。

A 多くの子どもたちを担任していると，単元終了直後のテストでは点数がとれるのに，年間のまとめテストになると点数がとれないというケースが少なくありません。各個人の学力状況もありますし，脳科学的には短期記憶と長期記憶の関係もあるのでしょうか。1年間の総まとめですから出題範囲も広く，点数がとれないのも当然といえば当然です。

そんな難しい話はさておき，この問題は，単純に「昔のことで忘れてしまっている」と言うことができます。ならば，思い出せばよいだけの話です。

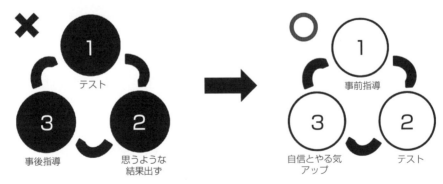

テストに対する認識とサイクルを変えると多くのメリットがあります

成功のポイント テストは評価のためじゃない

　前ページの図のようにテストのサイクルを変えます。実は，新年度のスタートから変えるべきとも思っています。いきなりテストをするから，思うような結果が出ずに自信をなくします。学力が高い子は，このサイクルでも十分適応できますが，学習に苦手意識のある子どもにとっては，負のスパイラルです。

　ですから事前指導をします。極端に言えば，テストと同じ問題をやるのです。「それでは，暗記するだけ」「そこまでして100点をとらせる意味があるのか」といったご指摘もあるかもしれません。しかし，「勉強ができないことを自覚するためのテスト」を繰り返すことと，「成長を自覚できるテスト」を繰り返すことは，子どもたちにとってどちらがよいのでしょう。私は迷わず後者を選びます。「勉強ができるってこんなに楽しい」「ぼくだってやればできる」と思えるようになった子どもは，学習以外でもどんどんと意欲的になります。

　教師は，「テスト＝評価のため」と認識している節があります。それが間違っているとは思いません。ですが，子どもたちはテストをどう受け止めているでしょうか。私が中学生や高校生の頃は，授業中に「ここテストに出るよ」とか「これくらいの点数をとらないと受験が……」という教師の言葉を日常的に聞きました。教師の言葉や考え方は少なからず子どもに影響しますから，子どもたちも「テスト＝評価される」と理解します。

　この考え方を少しだけ変えたいのです。テストは「今の自分の実力を知るためのもの」「何が苦手で，わからないのかを知るためのチャンス」ととらえるのです。

これで突破！
- テストのサイクルを変換せよ
- 点数至上主義の思考を変換せよ

5 先生はもういらない

教師の仕事は子どもたちに感謝されることではない！

困った場面

Q 4月に私が担任になったときに、「〇〇先生がよかった」と言われてしまいました。年度末になった今、子どもは「〇〇先生が担任だといいなぁ」と来年の話をしています。そう言われる、先生に憧れます。

A 「〇〇先生がよかった」と言っている子どもたちは果たして幸せでしょうか。子どもたちから、そう言ってもらえる先生は、幸せですか？それで学級担任の役目を果たしたと言えるでしょうか。新しいクラスで新しい担任との生活がスタートしているのに、「去年の先生は違った」「〇〇先生だったらな」と言っている子どもたちにしてはいけません。

　教師は子どもたちから感謝してもらうために、仕事をしていません。まして、自分が担任していた頃には上手くいっていたクラスが、次年度で上手くいかない様子を見て優越感を感じるために仕事をしていません。クラスが替わろうとも、担任が替わろうとも、「先生、もういいよ。わたしたちだけで大丈夫」と言える子どもにしてあげたいものです。

　やがて自立して、社会に出ていく子どもたちが、この先も「ずっと幸せであること」を願ってこそ、教師です。年度末のこの時期に、具体的にどのような姿が見られれば「先生はもういらない」という状態になっているのか、意識して教育活動に取り組んでみませんか。

成功のポイント 先生はもういらない

　試しに，ご自身の授業を何回か録画／録音してみてください。45分間のうち，子どもたちだけで授業が進んでいく時間が何分あるでしょうか。教科による偏りもほぼなく，ペアや小集団による交流がふんだんになされ，子どもたちだけで話し合いがなされているでしょうか。

　４月の授業と３月の授業が同じでよいはずがありません。それは，単元が違うとか，教科が違うという話ではなく，子どもたちの育ちをベースに授業を見るということです。教師による指導やコーディネートを受けながら，徐々に子どもたちが自分たちで進めていけるような力をつけるのです。

・前時の授業を確認して，今日，学習することを一人で，または周囲の仲間と確認し合っている。

・子どもたちに聞き合う関係ができていて，学習課題の解決へ向けて自分たちで話し合いが進められる。

・教師の少ない指示・発問で授業が展開され，子どもたちが自ら考えて授業をしている。

　少なくとも，これくらいのことが年度末にできている状態を目指したいものです。そして，学習のみならず，学級生活も同様のことが言えます。

・教師から新たに提案される約束やルールがほとんどなく，子どもたちの創意工夫によって次々と学級文化やルールが更新されていく。

・係活動が活発で，イベントや活動によって子どもたちだけで楽しんでいる。

・「確かにそうだねぇ」と思わず言ってしまうような，教師も気付かないことに対して，子どもたちが提案してくる。

　ここまでできれば，「先生はもういらない」状態と言ってよいでしょう。

これで突破！

・「あれこれ気になる」「ついつい口を出したくなる」は教師の悪しき職業病（!?）と心得る。学級の主役は子どもたちであるということ

1 「この仲間がいれば大丈夫」と思わせる　つながりの自覚

学級編制。「あの子とこの子は別のクラスが……」
マイナスの人間関係で，編制に苦労していないか？

◎困った場面

Q クラスの中には，どうしてもトラブルになりやすい子がいます。しかも決まった相手とトラブルを起こすことがほとんどです。関係を改善して，なんとか仲良くしたかったのですが，私の力不足でできませんでした。

A 「みんな仲良し」は妄想のような気がしてなりません。みなさんは，職場でどの同僚とも，上司とも一人の例外もなく「仲良し」ですか。誰か1人くらい苦手だったり，かかわりづらかったりする相手がいないでしょうか。そんな相手とも，なんとか上手くかかわって仕事を進めているのではないですか。

　ですから，「クラス全員と仲良しになれた」と子どもたちに思ってもらおうとしません。ただし，「いろんな仲間がいた。このメンバーで1年間，たくさんの挑戦をして，成長できた。来年も，この仲間がいれば大丈夫だ」と思わせたいものです。担任は替われども，クラスは替われども，同じ仲間が周りにはいる。そうやって，仲間とのつながりを自覚させて次の学年に送り出してあげることが大切だと考えています。

　子どもたちにそう思ってもらうための方法が数多くあります。何より大切なことは，4月からの学校生活の中で仲間と協力すること，仲間と助け合うこと，仲間とともに笑い合うことを多く経験させてあげることです。それを年度末のこの時期に，目に見える形にしてあげることです。

成功のポイント🖋　「この仲間がいれば大丈夫」と思わせる

　ある年のクラスでは，定期的に新聞を作成していました。中身は，自分に関することや，クラスのこと，仲間のことなど自由です。子どもたちは自身の成長や，クラスとしての成長，仲間のよさや学校行事での経験など，様々に書き記しました。

　年度末を迎えて，最後の新聞作成となったある日，子どもたちに次のように提案してみました。

　「最後は，このクラスの誰かに新聞を書いてみない？」と。

子どもたちは「面白そう」と言って，新聞を贈る相手をくじ引きでランダムに決めて，書くことにしました。「新聞記事のネタ集めの時間が必要？」と聞きましたが，子どもたちは「いらない。すぐに書ける」と言うのです。そして，偶然書くことが決まった相手のことを，見事にスラスラと記事にしていきます。作成した新聞を交換すると，子どもたちは何とも言えない幸せそうな表情でしばらくの間，新聞を読んでいます。中には静かに涙を流している子もいます。教室は，温かくもしっとりとした時間が流れていました。

　文字にすることで，自分たちの成長を実感することができる取組は，言葉で評価・価値づけることとは，また違う効果があるようです。1年間書きためた新聞を手に，素敵な仲間とともに次の学年へ向かう子どもたちの姿は，「この仲間がいれば大丈夫」と私に語りかけているように見えました。

互いに作成し合った新聞

✋**これで突破！**
- 仲間とのつながりを実感させることが，次年度への安心になる
- 文字で可視化されると，自身のクラスの成長を自覚しやすくなる

1〜3月

2 最後にもうひと伸び 　解散総試験

> **1年間であなたのクラスは，どこが成長したのか。**
> **子どもの心はどのように成長したのか**

困った場面

Q 6年生を送る会や卒業式練習など，行事から1年間が終わることを実感しています。ですが，子どもたちがこの1年間でどのようなことを学んだのか，成長したのかを自覚していないようです。

A 教科の学習には「一年のまとめテスト」や学力検査があるのに，なぜ心の成長や人とのかかわり，集団としての成長には，そうした実力を試すような機会がないのでしょうか。いえ，もしかしたらあるのかもしれません。問題は，子どもたちがそれを自覚的に行っているのかということです。よく，卒業式練習が始まると，練習時間が長くて集中力が切れてしまうことがあります。もし，卒業してゆく6年生の門出を祝おうという相手意識が育っていれば，集中力が続くかもしれません。もし，全校で最高の卒業式を創り上げようという全体意識が育っていれば，姿勢の崩れた隣の席の子にそっと優しく声をかけるかもしれません。

　これらは一朝一夕で育まれるようなものではなく，紛れもない1年間の学級経営を通して育まれる力です。「座っている姿勢がわるーい！」「拍手は手の運動！　体育だと思えー！」などと教師が言っている卒業式練習では，お話にならないのです。ですから，子どもたちの目に見えない成長も教師が意図して，自覚させてあげるようにしなければならないのです。

成功のポイント 最後にもうひと伸び

「学級が解散する。最終日というタイムリミットを迎えたから解散するのではなく，今年1年間でつけるべき力を十分身に付けたから解散する。そのための1日を，君たちに与えます」と言って，3月の，とある1日を自由にします。

子どもたちは「自由」を望みます。教師から与えられるほど，管理されるほどに「自由」を欲します。しかし，「自由」とは責任を伴うものです。教師から「〇月〇日は1日，君たちの自由」と言われると，かえって困ってしまうのです。こういう状況でこそ子どもたちの心の成長が発揮されます。

・1時間目から6時間目まで自由

・座席も自由席

・給食当番もなければ，日直もなし

子どもたちは考えます。そして見事に役割分担をしたり，声をかけて助け合ったりして最高の1日を創り上げます。1年間自分たちで創り上げたイベントが目白押し。1年間の思い出をかみしめるように，成長を喜び合うように楽しい時間を過ごしました。

1年間の育ちが見える一日を

教師はというと，黒板の上に「1年間，学んだことを全部出す！」と掲示し，後は教室の隅の方で準備の様子を愛おしく見るだけでした。私にとっては，これも立派な学力テストだと思っています。いえ，これこそが学力テストだと思っています。

掲示して自覚させる

これで突破！

• 目に見えない力こそ，成長を自覚させる機会を意図的に設定する

• そこには，1年間の学級の成長が顕著に表れる

1〜3月

3 すべての人に感謝せよ

「ありがとう」は，みんなを幸せにする魔法の言葉

困った場面

Q 年度末の大掃除で「教室に感謝の気持ちを込めて掃除しようね」と話しかけたら，子どもたちがいつもより熱心に掃除してくれました。誰かに感謝を伝えるような活動がたくさんあるといいなぁと感じます。他にはどのような活動がありますか？

A 例外なく，「ありがとう」が溢れる学級は落ち着いていて，子どもたちが笑顔で安定しています。当たり前と言えば当たり前ですが，それは感謝するときの感情が，怒りや悲しみの感情と対極にあるからだと思います。感謝をしているときの感情を思い出してみてください。優しく温かい気持ちになっているはずです。

　年度末は，あらゆる場面に「ありがとう」のチャンスが隠れています。理科や音楽専科の先生や給食の調理員さん，教頭先生や校長先生に保健の先生，地域の安全ボランティアの方々，家族……。とにかく「ありがとう」を多用することがコツです。残念ながら人間の感情は一時で，すぐに平常に戻ってしまいます。ずっと欲しかった服を買ったときには，「汚さないように」「大切に使おう」と思っていたにもかかわらず，しばらくすると他の服と同じように着ている。これと同じです。ですから，「ありがとう」の機会を見つけ，それを相手に伝えるようにします。子どもたちは幸せな気持ちとともに次の学年に進級することができます。

成功のポイント すべての人に感謝せよ

　例えば，１年間の給食最終日。給食調理員さんへ感謝の気持ちを伝えます。どのように伝えればよいでしょうか。

　①学級全員で調理室に足を運び，「１年間おいしい給食をありがとうございました！」と笑顔でお礼を言う。

　②感謝の気持ちを文章とイラストにして製本してプレゼントする。

　二者択一かと思わせてしまいましたが，実は，どちらもやります。もっとやってもよいと思います。

　③調理する様子を取材し，撮影した写真や動画でメッセージビデオを作成。

　④調理員さんへの感謝の気持ちを込めて似顔絵色紙の作成。

　感謝の気持ちを伝えるということは，伝える相手を想うということです。つまり，相手意識につながります。思いやりの心です。まだ自己中心性の高い中学年にとって，感謝の場面が多くあることは，利他的になれるということです。一瞬で言い終わってしまう「ありがとう」の言葉。これがすべての基本です。あらゆることに感謝したいものです。それに加えて，感謝を形にするのがポイントです。なぜなら，お礼の手紙を書いている間，子どもたちはずっと調理員さんのことを想っているはずですから。

　私のクラスの年度末は，毎年「感謝祭」で，忙しくも笑顔が溢れる時間となります。

形にすると感謝の気持ちが持続する

これで突破！

・感謝で人は優しくなれる

・感謝は日常生活の様々な場面に隠されている

第 **6** 章　**1～3月**　│　**2　最高のエンディングとは？**
　　　　　　　　　　　　　　—子どもたちとの別れを考える—

4 ゴールはスタートに戻る

第二の家である教室に飾られた掲示物。
年度末だからと，一気に取り外しては，モッタイナイ

困った場面

Q 学級の掲示物をいつ取りますか？「年度末の大清掃で教室をきれいにする際に合わせて取る」というアドバイスと，「子どもが学校にいる間は取らない。終業式が終わってから」というアドバイス，どちらも聞きます。どうすればよいですか。

A そこに教師の明確な意図があれば，どんな方法でもよいと思います。困った場面に出てきた「教室掃除に合わせて取る」のは，教師の都合かもしれませんし，次に教室を使う人のために早めにきれいにしておくという意図があるのかもしれません。大切なのは，すべての教育活動に意味をもたせることです。そして，その意図は子どもに伝えて共有すべきです。試しに，同僚の先生方に聞いてみてください。「なぜ早く掲示物を取るのですか？」「最後まで教室掲示を飾っておくのは，どんな意図がありますか？」と。明確な答えが返ってくるならば，確かな教育的意図があって行っているということです。

　よく，6年生担任が卒業間近になると，日めくりのカウントダウンカレンダーを作成するのを目にします。「カレンダー作りたい」という子ども発のアイディアならば OK。「卒業までの残り日数を数えて，卒業への気持ちを高め，最後の1日まで大切に過ごしていきたい」という理由もはっきりしていれば，なお OK。教師からの一方的な押しつけでやらされているカレンダーならば，何の効果もないのです（ひどいときには，紙に数字も印刷されていて，色を塗るだけ……なんて実践も見たことがありますから）。

成功のポイント ゴールはスタートに戻る

　繰り返しになりますが，掲示物のはがし方や時期に正解はなく，意図が大切だと申し上げました。その上で私は，３月に入った頃から教室の掲示物をゆっくり，少しずつ取り外していきます。１日や２日ですべてをはがしてしまうようなことはしません。子どもたちに「こんな成長があったね」「そういえば，この掲示物を飾った頃は，○○でみんなが困っていて，必死で話し合ったよねぇ」と懐かしみながら，子どもたちと一緒に一つ一つの掲示物を取り外していきます。それは，名残り惜しくも，自分たちの成長を自覚し，学級の物語を振り返る何とも愛おしい時間になります。

教室掲示を子どもたちと少しずつ取り外すと１年が終わることを実感します

　そして，最終登校日。教室に残っているのは学級目標だけ。最後の１時間は「学級活動」。クラスの仲間に一人ずつ感謝の気持ちを話し，事前に書いておいた自分宛ての手紙を静かに読みます。この頃には多くの子どもたちが涙を流しています。クライマックスは写真や映像をつなげたスライドショー。クラスみんなで歌った思い出の曲を BGM にして鑑賞が始まります。鑑賞後，すすり泣く子どもたちを前に，ゆっくりと学級目標を取り，静かに話します。「みんな，１年間ありがとう。これにて○年○組は解散です」と。

これで突破！
- 「教室がスタートに戻っていく」という演出が，物語を静かに盛り上げる
- 子どもと掲示物のエピソードを思い出しながら取り外していく

1〜3月

171

保護者にも別れを告げる

子どもたちの後ろには，いつも我が子を応援し，
心配してくれる保護者がいる。保護者にも別れを

困った場面

Q 私の学校は最後の学年懇談会が２月です。年度末とは言うものの，まだ１か月以上残っているので，保護者のみなさんに「お世話になりました」と言うのも早すぎます。なかなか保護者のみなさんに感謝の気持ちやお礼を言う機会がありません。

A あなたが保護者だとします。担任の先生から「１年間お世話になりました。みなさんのおかげで，無事に１年間を終えることができます」と言われてうれしいですか？ おそらく，うれしい人もいると思います。ですが，実は我が子がため息をついて，「学校行きたくないなぁ」という日々を送っていたらいかがでしょう。今まで見たこともないような点数のテストを持ち帰り，「算数がつまらない」と言う日々が家庭にあったとしたならば，担任からのお礼に対して素直に，「よい１年だった」と思えるでしょうか。保護者のみなさんは決して，形だけのお礼の言葉が欲しいわけではありません。

言葉は言葉でしかありません。どんなにお礼の言葉を述べたとしても，中身が伴っていなければ意味がないのです。極端な話を言えば，我が子が今までにないほど「学校が楽しい」「勉強がよくわかる」と言ってくれれば，担任からのお礼などいらないのです。ですから，私たちは子どもたちが成長した姿をもって，保護者のみなさんに感謝の気持ちを伝えるのです。

成功のポイント　保護者にも別れを告げる

> ・学習参観で大きく成長した子どもたちの姿を見てもらうこと
> ・学級だよりで１年間の成長をお伝えすること

　「百聞は一見にしかず」です。どんな言葉よりも，実際の子どもたちの姿を見てもらうことです。堂々と発表する姿，真剣に議論する姿，仲間と笑顔で話し合う姿……そうした我が子を見ることで保護者の方は安心します。そして，その後の懇談で，４月の姿と現在の姿の「Before & After」を写真などとともに語ります。

　さらに，学級だよりで１年間の成長をお伝えするのです。具体的にどんな成長があったのかを保護者の方に伝えることで「別れの言葉」とするのです。

　　みなさんには、教師としてはもちろんですが、人生のちょっと先輩として、これから生きていくうえで大切だと思うことを伝えてきたつもりです。主体性を発揮するということ。当たり前のことを当たり前にすること。つまり凡事徹底。行動が習慣を作り、習慣が人生を変えるということ。１００点は誰もが取れないかもしれないけれど、全力は誰でも出せるということ。グループではなくチームになるということ。良い集団には安心感があるということ。人の成長に積極的にかかわり、人の力を借りて自分も成長させてもらうこと。教えたらきりがありません。このうちのたった一つでも、これからのみなさんの人生に役立てばと思っています。
　　最後に… ３年１組の１年間が無事にゴールを迎えることができ、みなさんが大きく成長することができたのは、みなさん一人一人のがんばりがあったからです。そしてもう一つ、みなさんのことを愛し、心配し、励まし、支えてくださった保護者のみなさんがいたからです。このことを決して忘れてはいけません。みなさんのことですから、「自分一人で立派になった」なんて思わないでしょうが、周りへの感謝はこれからもずっと続けていってください。まずは今日、家に帰ったらきちんと、「１年間、ありがとう。来年もがんばるから、応援してね。」と家族に伝えましょう。これを私からの最後の宿題とします。　それではみなさん、充実した１年間をありがとう。来年度のみなさんの大活躍を応援しています。
　　　これにて閉園いたします。
　　　　　　　　　　　　平成２１年３月２２日
　　　　　　　　　　　　　　　　　　　３年１組担任
　　　　　　　　　　　　　　　　　　　畠山　明大
　１年間ありがとう

　上記の学級だよりでは直接保護者の方へ感謝を述べてはいません。むしろ子どもたちへのメッセージです。しかし，子どもたちの成長を語ることで別れの言葉としています。

これで突破！

- 形式的な「お世話になりました」では，別れを告げられない
- 子どもたちの成長を伝えることこそが保護者へのメッセージとなる

終われば花丸

　誰もが，1年が終わったときに「今年は，よい1年間だった」「子どもたちもクラスも大きく成長した」と満足感をもちたいと思っています。ですが，私自身は，後悔や自責の念にかられることの方が圧倒的に多いです。子どもたちの流す涙を目の当たりにしたときや，保護者の方の悩みをお聞きしたときは，要求に応えきれず，悲しい思いや苦しい思いをさせてしまっていることが申し訳なく，もどかしい気持ちになります。そして，担任が私でなければ子どもたちも，保護者の方々ももっと幸せだったのではないかと考えてしまいます。

　今は，そんな自分の気持ちとも上手く付き合えるようになってきました。上手くいかないことも多々あったし，もっとやれることがあったかもしれないけれど，1年間，最後までなんとかやり遂げた自分に花丸。「100点満点はあげられないけれど，全力でやった努力賞はあげてもいいんじゃない」って思うようにしています。自分のこともほめてあげて，認めてあげて，優しい気持ちにならないと，人になんて優しくできませんから。

　失敗や後悔は次へのエネルギー。「車のハンドルにも遊びがあるだろ？　遊びがなかったら，ちょっとしたハンドル操作のミスで大事故だよ。人生にも遊びがないとダメだよ」「後悔することが一つもない人生なんて，人生そのものに後悔するよ」。尊敬する先輩教師や，教師としての楽しさと難しさを教えてくれた師匠は，いつも広く大きな心で，ダメダメな私を受け入れてくれました。

> とにかく1年間，本気で子どもと向き合った自分に花丸。

【著者紹介】

赤坂　真二（あかさか　しんじ）

1965年新潟県生まれ。上越教育大学教職大学院教授。学校心理士。19年間の小学校勤務では，アドラー心理学的アプローチの学級経営に取り組み，子どものやる気と自信を高める学級づくりについて実証的な研究を進めてきた。2008年4月から，即戦力となる若手教師の育成，主に小中学校現職教師の再教育にかかわりながら，講演や執筆を行う。
『最高の学級づくりパーフェクトガイド』（2018），『資質・能力を育てる問題解決型学級経営』（2018），『アドラー心理学で変わる学級経営　勇気づけのクラスづくり』（2019，以上明治図書）ほか，著書・編著書多数。

畠山　明大（はたけやま　あきひろ）

1977年新潟県生まれ。新潟大学教育学部附属長岡小学校教諭。学級経営の中核をなす学級活動を研究。「学級会」と「クラス会議」の融合を目指し，自治的集団づくりをテーマに実践に取り組む。若手教員への授業公開やセミナー，学生への学級経営講義などにも精力的に取り組み，各種教育誌においても実践が多数掲載されている。

〔本文イラスト〕原田知香

クラスを最高の笑顔にする！
学級経営365日　困った時の突破術　中学年編

2020年3月初版第1刷刊　Ⓒ著　者　赤　坂　真　二
畠　山　明　大
発行者　藤　原　光　政
発行所　明治図書出版株式会社
http://www.meijitosho.co.jp
（企画）及川　誠（校正）西浦実夏
〒114-0023　東京都北区滝野川7-46-1
振替00160-5-151318　電話03（5907）6703
ご注文窓口　電話03（5907）6668
＊検印省略　　　　　　　組版所　株式会社木元省美堂

Printed in Japan　　　　　　ISBN978-4-18-342225-5
もれなくクーポンがもらえる！読者アンケートはこちらから